TU SENSHO

対話する宗教

―― 戦争から平和へ ――

星川啓慈 Keiji Hoshikawa

TU選書
4

大正大学出版会

本書を

学生時代に学問の世界に誘なってくださった井門富二夫先生

助手時代に豊富な研究時間を与えてくださった小野泰博先生

宗教間対話の一連の仕事に協力してくださった田丸徳善先生

に捧げます。

はじめに

二〇〇五年三月に、「国際宗教学宗教史会議第一九回世界大会」が東京で一週間にわたって開催された。日本では一九五八年に開かれていらい、実に四七年ぶりの開催となった。

「国際宗教学宗教史会議」というのは、一九五〇年に設立された世界最大の宗教研究者の国際学術団体であり、五年に一度だけ世界大会が開かれる。いわば「宗教研究者のオリンピック」だ。今大会では、発表数はなんと一三〇〇近くにのぼった。筆者も六人のチームで、団体競技である「パネル」に参加した。

その世界大会の総合テーマは「宗教——相克と対話」であった。サブテーマは五つ設定されたが、そのうちの一つは「戦争と平和、その宗教的要因」である(もちろん、ほかのサブテーマも総合テーマと関連している)。ここ数十年をふりかえると、宗教がさまざまな対立や相克を生み出す原因の一つと考えられる事例が増えているのではないか。だからこそ、この総合テーマの設定の背景には、「諸宗教の対話によって、対立や相克を少しでも和解へと転換させたい」という期待があったのだろう。

†

世界の人口は六五億人を突破した。いわゆる世界三大宗教の信者の数を見てみると、キリスト教徒が二一億人、イスラム教徒が一二億八〇〇〇万人、仏教徒が三億八〇〇〇万人である。また、ヒンドゥ教徒が八億五〇〇〇万人、儒教・道教をふくめた中国の伝統宗教の信者が四億人。さらに、ユダヤ教徒が一五〇〇万人、神道の信者が一四〇〇万人から九五〇〇万人、などとなる。[1] じっさいには、何をもって宗教の信者とするかには問題があり、精確な信者数は確定できないのだが、世界三大宗教の信者だけで世界人口のほぼ六割をしめることになる。さらに、ユダヤ教やヒンドゥ教および土着の伝統宗教などの長い歴史をもつ宗教、世界各地で信者をあつめている新宗教の信者をくわえると、おそらく少なく見積もっても、世界の八割以上の人がなんらかの宗教を信じていることになる。さらに、「宗教を信じていない」という人でも、宗教に興味をもっている人は多いし、歳をとるとともに宗教的な事柄に関心がむかう人もかなりいる。

　人類史のかなり早い時期から存続してきた宗教が、現在になってもこれほどの信者を獲得している理由の一つは、宗教には、人間がもっとも恐れる死についての解釈を示し、多くの人びとに生きる意味や指針をあたえ、絶望に落ち込んだ人びとを救済するという事実があるからだ。また、文芸・映画・絵画・彫刻・音楽などから、さらには子供向けの絵本・マンガ・アニメなどから、宗教的要素が跡形もなくきれいに消えうせたとしたらどうだろう。それらの作品の深みと広がりは半減するにちがいない。信じる／信じないをこえて、宗教が人間の生に深みと広さを与えてくれることは否定できない。

その反面、宗教は人間の歴史に暗い影をおとしていることも否めない。具体的にいうと、異教徒の迫害・異端審問・宗教裁判などが、さまざまな時代や地域で行なわれてきた。さらに、誰もが知っているように、宗教にはきわめて排他的な側面があるし、そのうえ、暴力的対立や戦争をおし進めるという側面ももっている。現代では、テロと宗教のつながりも取り沙汰されている。

以上のように、宗教には人間にプラスの面とマイナスの面とが同居している。それゆえ、一方的に宗教を賞賛することも、一方的に宗教を非難することもできない。冷静に二つの側面を見つめることが必要である。

†

本書は、現代という時代の要請によって生まれた「宗教対話」「宗教間対話」「諸宗教間対話」をテーマとする(以下「宗教間対話」で統一)。ほとんどの読者にとっては「宗教間対話」(inter-religious dialogue)というのは耳馴れないものだろう。「宗教間対話」という言葉は、現在のところ、神学者・宗教者・宗教学者・宗教哲学者など、ごくごく一部の人たちにしか知られていない。けれども、二〇〇二年以降、ある出版社の高校の「倫理」の教科書[2]は、時代を先取りして「宗教間対話」のコラムを設けているという事実もある。

ところで、一九九〇年ごろから、わが国でも「公共哲学」という新しい領域が生まれ、宗教には独自の社会性や責任があることが、いわれるようになった。また、一方に「国家や政府」をおき、他方に「個人」を対置させるという従来の二分法／二元論では、宗教をめぐる諸問題をうまく処理・説明できないことも指摘されるようになった。さらに、世界市民・地球市民の一人として、諸宗教の一般信者（エリート信者ではない）が、世界平和の実現・自然環境の保全・人権の擁護などについて語り合うことの意義なども、公共哲学の観点から見直すことができるようになってきた。

さきほど述べたように、世界の八割以上の人びとが何らかの宗教を信じているので、世界の諸宗教が対立関係におちいることだけは絶対に避けなければならない。その理由は、宗教がからんだ対立・相克は、きわめて根がふかいものとなるからだ。すなわち、そうした対立・相克は時間的にきわめて長いものとなり、相手・敵にたいする憎しみもその激しさをますのである（第4章参照）。

筆者は、人類の平和的共存・創造的共生にとって、宗教間対話が必要不可欠だと思っている。だが、宗教間対話を最初から「良いもの」「推進すべきもの」として宣伝するつもりはない。実際のところ、宗教間対話は必ずしも全面的にうまくいっているとはいえない。そのことの原因の一つは、宗教がもつ排他的・非寛容的側面である。これらについてはかなり克明に書き込んだ。さらに、具体的な事例にくわえて、「宗教であるかぎり、排他的であることは、論理的に避けられない」という議論もくみこんだ。

しかしながら、もちろん、宗教がもつそうした負の側面に屈することなく、諸宗教の信者が対話することにつながる見通しもいくつか呈示した。たとえば、「ダイナミックな真理観をもつことの必要性」や、「自分がもつ信仰の自由は他者の信仰の自由を認めることの上にしか成立しない」ことなどである。こうした事柄を手引きとして、宗教間対話を前進させる道を模索したい。なぜならば、人類の未来は、良かれ悪しかれ、宗教によってかなり左右されることは間違いないからである。

「宗教は時代の流れとともにしだいに消滅するものだ」と思っている人びともいるに違いない。だが、筆者の答えは「ノー」である。ただ、グローバル化という現象によって、宗教も変わらざるをえない。宗教はいかなる変容を遂げるのか／遂げるべきなのか。それについては、本書を読んでいただければ、おのずとわかるだろう。

最後に、一言だけつけくわえておきたい。神学者・宗教哲学者むけの宗教間対話の著作・論文集は世界にいくつもある。当然のことながら、それらのほとんどでは神学的・宗教哲学的色彩が濃厚である。しかしながら、そうした議論にくわえて、本書には、「宗教」概念の形成、宗教間対話の「公共性」、宗教と戦争のかかわり、宗教がもつ「負」の側面、宗教間協力の具体的事例、論理学的な宗教の排他性の擁護論、言語哲学的考察など、多種多様な内容をふんだんに盛り込んだ。これはまさしく宗教間対話の多面性・広がりをしめすものである。さらにいえば、グローバル化が進展してきた今日になって初めてこういう著作を刊行できる状況になったのだが、本書は、今後の世界の動向を読み解く一助にもなるであろう。

†

本書は、できることなら、すなおに第1章から第6章へと読み進めていただきたい。しかし、第1章では、「宗教」という言葉や概念について、やや理屈っぽい議論をしている。そこで、「宗教間対話とは何か」を知りたい読者は、第2章から読み始めていただいてけっこうである。また、「宗教と戦争」について興味のある読者は、第4章から読み始めていただいてかまわない。

❖1　世界の宗教の信者数は、資料によって異なる。概数であることを断っておきたい。参考までに、世界の宗教の信者数にかんするもう少し詳しいデータを紹介しておこう（『ブリタニカ国際年鑑』ブリタニカ・ジャパン、二〇〇五年、二八〇頁）。このデータによれば、世界の人びとのほぼすべてが何らかの宗教の信者だということになる。信者数は割り引いて考えるのが賢明であろう。

	世界合計	比率
キリスト教	二、一〇六、九六二、〇〇〇	三三・〇％
（カトリック五二・五％、プロテスタント一七・六％、東方正教会一〇・四％、アングリカン・チャーチ三・七％）		
イスラム教	一、二八三、四二四、〇〇〇	二〇・一％
（スンニ派八三％、シーア派一六％、その他一％）		
ヒンドゥ教	八五一、二九一、〇〇〇	一三・三％
（ビシュヌ派七〇％、シバ派二五％、新ヒンドゥ派および改革派二％）		
中国民間宗教	四〇二、〇六五、〇〇〇	六・三％
（地域特有の神格、祖先崇拝、儒教倫理道徳、道教、陰陽説、易、その他中国の伝統宗教）		
仏教	三七五、四四〇、〇〇〇	五・九％
（大乗仏教五六・〇％、上座部仏教三八・〇％、タントラ仏教六・〇％）		
民族宗教	二五二、七六九、〇〇〇	四・〇％
新宗教	一〇七、二五五、〇〇〇	一・七％

（アジア起源の二〇世紀の新宗教、転換期の急進的な新宗教運動など、すべて一八〇〇年以降成立のもの）

シク教	二四、九八九、〇〇〇	〇・四％
ユダヤ教	一四、九九〇、〇〇〇	〇・二％

❖2　『高等学校・倫理』数研出版、二〇〇二年、三二頁。

対話する宗教

目次

はじめに iii

第1章 宗教とは何か 001
1 「宗教」とは何か 003
2 本書における「宗教」理解 012
3 「規則」としての教理 019

第2章 宗教間対話とは何か 033
1 「宗教間対話」とは何か 035
2 対話の内実と問題 045

第3章 宗教の非寛容さと排他性の必然性 067
1 「寛容」がはらむ難問 069
2 「排他性」の必然性とその擁護 082

第4章　戦争から平和へ 093
1　宗教と戦争　095
2　世界平和にむけての宗教間協力　116
第5章　宗教間対話における真理と言語の問題 137
1　宗教における「真理」　139
2　宗教をかたる「言語」　150
第6章　自己理解の深化としての宗教間対話 169
1　東西霊性交流　171
2　自己変革型の宗教間対話　174
読書案内 187
あとがき 193

凡例

一、引用文については、用字など、一部を変更した箇所がある。

一、引用文の「…」は「中略」を意味する。

一、引用文の〔 〕は筆者の補足を意味する。

一、傍点(欧文ではイタリック体)は強調をあらわす。

一、最近は「イスラーム」という表記が多くなりつつあるように見受けられるが、まだ「イスラム」という表記のほうが馴染みがあるように思われるので、原則として「イスラム」という表記を採用する。

一、文脈に応じて、「イスラム」と「イスラム教」という表現を併用する。

一、註において引用・参照文献を明示しているが、論文タイトルの直後にある( )内の著作物は、その論文が収められている著作物をしめす。

第1章
宗教とは何か

1 「宗教」とは何か

この問いに答えはない

「宗教とは何か」――これは宗教学者が答えるべき問いである。しかし実際のところ、宗教学者によって宗教観や研究視点が異なるので、この問いにたいする最終的な回答はいまだに出されていない。おそらく、今後も出されないだろう。

長い歴史をもち世界の広い地域で信仰されている、世界三大宗教（キリスト教・イスラム教・仏教）といわれる代表的な宗教がある。この一方で、生まれて間もない新宗教や「新新宗教」と呼ばれるものもある。また、神をたてる宗教もあれば、たてない宗教もある。前者に限っても、一神教もあれば、多神教もある。さらに続けると、宗教とカルトの厳密な区別は難しいし、「新霊性運動」[❖1]と呼ばれるこれまでの宗教とは一味ちがう宗教現象もある。機能的にみれば、宗教と政治集団やイデオロギー集団との境界線もひきづらい。さらに、神学・哲学・心理学・社会学・人類学・民族学・宗教現象学など、宗教に切り込む視点はいくつもあるけれども、それらが捉える宗教の像は異なっている。それらの像が一つに収斂してくれるとありがたいのだが、不幸なことに、現状はその方向にはない。

「宗教とは何か」という問いに答えるためには、すべての宗教について知らなければならないが、それは不可能だ。また、そもそも「これは宗教、これはカルト、これは擬似宗教」などと判定して、「宗教」のみを研究していこうとする場合、すでにその選択基準のなかに、暗黙のうちに、その研究者の「宗教」観が投影されている。つまり、一種の論点先取（結論が出発点にふくまれていること）を犯している、といえないこともない。さらに、研究者は「作業仮説」として宗教の定義をするけれども、どのような定義をしたところで、宗教のある側面はかならずや抜け落ちるに違いない。

論理学的にいえば、通常、内包と外延の関係は反比例の関係にある。すなわち、宗教を詳しく厳密に定義すればするほど「宗教」というカテゴリーにふくまれる現象は少なくなり、逆に大雑把な定義にすると、あまりにも多くのものがその中にふくまれてしまい、宗教と宗教でないものとの区別ができなくなってしまう。だからといって、それらの中間に位置する定義をしたとしても、賛否両論が湧き起こるだろう。

以上のように、「宗教とは何か」という問いは、すべての人びとによって受け入れられるかたちで明確な答えをだすのは難しい。いや、それは最初から不可能なのであり、せいぜい宗教学者なり宗教者なりの限定的な視点からしか定義できない。だが、これでいいのである。

しかしながら、われわれが何気なく使っている「宗教」という概念や言葉について、少しは知っていたほうがよい。また、宗教学の最先端では、ここ十数年ほど、「宗教」という概念をめぐって議論が高まっている、という状況もある。

「宗教」という概念や言葉の変遷について

種々の議論はあるにせよ、現代のわれわれが使う意味での包括的な「宗教」概念が誕生したのは、一七・一八世紀以降の西洋においてである。それまでは、こうした「宗教」概念はなく、いわば「教え」とでもよぶべきものが存在するのみであった。もろもろの教えの伝統は、仏道・神道・キリスト教・イスラムなどと、その固有名をもって知られるのみであり、それら自身によってそれらの内部でさまざまな判断が下されるだけであった。[2] けれども今日では、そうした諸伝統も「宗教」という一般的・普遍的な枠組みの中に包摂されるようになり、その内部で比較されるようになった。たとえば、「比較宗教学」という学問分野があるが、諸宗教を比較するにはそれらを比較する共通の基盤が必要である。相撲をとるには力士たちが勝負する土俵が必要であり、これがあって初めて、相撲をとって勝敗を決めることができる。比較宗教学の場合にも事情はこれと同じであって、諸宗教を比較するためには、それらを比較する枠組みが必要である。そして、この枠組みが諸宗教を包摂する「宗教」なのだ。

以下では、いかにして「宗教」という一般的・普遍的な枠組みが形成されてきたかを押さえておきたい。そこで、「宗教」概念をめぐる議論に詳しい宗教学者の深澤英隆の研究[3]を参照しつつ、この「宗教」という概念・言葉の変遷をあとづけることにしよう。

「宗教」は英語でいうと「レリジョン」(religion)であり、この言葉のラテン語の原語は「レリギオ」(religio)である。この言葉の使用は、紀元前三世紀にすでに確認されている。その意味は多様であったらしいが、「レリギオ」は一方で「狂躁的・退行的な儀礼の実践」などを指した。この場合には「迷信」(superstitio)と似たもののようである。他方で、より公的な「儀礼行為」なども指した。この場合には「迷信」と対置されたらしい。

「レリギオ」は教父が活躍した時代にも登場する。[4]その時代においては、ローマ側がキリスト教を「迷信」としたのに対し、教父たちはローマ宗教の諸儀礼を「誤れるレリギオ」と呼び、キリスト教を「真の聖なる神のレリギオ」と呼んだ。ただし、「レリギオ」はローマ宗教との対比でのみ用いられ、キリスト教信者が自分たちの信仰を理解するための言葉ではなかった。

中世においても、「レリギオ」はほぼこうした古典的意味をもつにとどまった。いずれにせよ、それほど頻繁に使用された語ではなかった。また、キリスト教以外の信仰や教えについて語るときには、「レリギオ」という語は使用されなかったようである。

近世になると、ルネサンスと人文主義の諸思想家によって、「人間の共通項としての生来的で普遍的な信仰」といった意味合いが「レリギオ」に付加される。つまり、この時代になると「普遍的信仰」概念が確認されるのである。

また、カトリックが儀礼に対して救済的意味を見ていたのに対して、「信仰義認」など個人の信仰による救済に力点をおく宗教改革者たち、およびその流れをくむ思想家たちが、「信」の意味を強調する時代がおとずれる。「レリギオ」に、公的儀礼という意味以上に「信」の意味が託されるようになったのだ。さらに一六世紀以降、ヨーロッパ諸語の日常的・政治的用法において、「レリジョン」(ないしそれに相当する語)が対立する宗教的党派を形容する語としてしだいに用いられるようになる。

近代になると、「レリジョン」の使用頻度が増し、アフリカなどの習俗を「レリジョン」という語によって記述することが始まり、「レリジョン」は「習俗」など多様な意味で用いられるようになる。そして、なおも古い意味をもちながら、近代の諸思想家たちによって、「レリジョン」という概念が彫琢され、多様な思想的意味がこの言葉にこめられるようになった。その一方で、「レリジョン」は一般的な語彙としてさらに広く受容されるようになっていく。一九世紀には、宗教学・宗教諸学が成立し、固有の性格と歴史をもつものとしての「宗教」という概念が定着する。

その後、この「宗教」概念は、「レリジョン」の翻訳語(日本ではもちろん「宗教」)をとおしてヨーロッパ以外の文化圏にも広がり、世界の信仰や教えの諸伝統も「宗教」なる概念によって理解されるようになる。こうして今日、世界のほとんどの地域で、「レリジョン」およびその訳語は、日常生活における自然な語彙となって受け入れられている。

近代的な「宗教」概念の生成

古代からもろもろの教えを奉じる人びとは、現代的な含蓄をもつ「宗教」概念を知らなかったとしても、当然のことながら、自分たちのものとは異なる教え(異教)が存在することは知っていた。そして、このことが、自分たちの教えの自己同一性の意識をもたらしたに違いない。けれども前述したように、近代的な「宗教」概念が涵養されるまで、自他を「宗教」という普遍的なカテゴリーに包摂されるものとして考察することはなかった。

しかし、一五世紀にはじまる大航海時代以降には、世界各地で見出された種々の教えや実践が、たとえば「目に見えぬものに関わる儀礼行為」という要素などを共通項として、しだいに「宗教」という普遍現象として理解されるようになった。この理解は「キリスト教の優越」という観念に結びついた。つまり、「世界各地に見られる諸宗教と較べても、キリスト教が最高の宗教であり、真理を示す唯一のものである」という意識がもたらされたのだ。だがその一方で、世界における諸宗教の存在の認識は、キリスト教の相対化をも招く結果となる。つまり、「世界をひろく見渡せば、キリスト教以外にも多様な〈宗教〉がある。キリスト教といえども、そのうちの一つに過ぎない」という認識が浸透したのだ。

また、右のことと並行しながら、ヨーロッパ世界内部におけるキリスト教の地位が変化しはじめた。それまで自明なものとされてきたキリスト教が、その自明さを失いはじめたのである。国家・法律・政治・経済・教育・学問・芸術などにかかわるさまざまな制度や文化が、キリスト教教会の縛りから解き放たれるようになり、個人にも「キリスト教は自明なものではない」という意識が芽生えてきた。キリスト教はかつて、それらの諸制度や文化を根拠づけたり正当化したりしていたのだが、そうした力を喪失しはじめたのだ。こうしたプロセスを「世俗化」というが、これは現代でも完結していない巨大な社会変動である。もちろん、この世俗化は非ヨーロッパ文化圏やイスラム諸国には必ずしも当てはまるとは限らない。また、宗教学では五〇年以上も議論されている大問題であり、世俗化の解釈も百家争鳴の感がある。

以上のように、大航海時代以降にもたらされた「世界にはキリスト教以外の教えや信仰が存在している」ことへの深い認識、および「ヨーロッパ諸国におけるキリスト教の自明性の喪失」の二つが、相互作用を及ぼしあいながら、ヨーロッパにおいて「宗教」概念の形成に関与したのである。すなわち、日本やそれ以外の国々で、こんにち自然に使用されているなのだ。

「宗教」という言葉の内実は、もともと近代ヨーロッパの諸事情によってもたらされたもの

世俗化の中から「宗教」は出現した

常識的に考えれば、「世俗化」と「宗教」とは対立することになろう。一言でいえば、宗教が衰退していくのが世俗化だ、と理解できるからである。しかしながら、面白いことに、必ずしもそうは言えない。すなわち、「世俗化が〈宗教〉をもたらした」という見方もできる。

近代において「宗教」が現代的な概念となって初めて、つまり普遍性をもつようになって初めて、われわれは「宗教とは何か」という問いをたてられるようになった。それまでは、こうした問いを立てる必要もなかったし、そもそも現代的な意味での「宗教」概念が存在しなかったのだから、そうした問いをたてる可能性も存在しなかったのである。

このような状況を踏まえながら、アンドリュー・マッキノンという宗教学者は「世俗化の中から〈宗教〉が現われてきた」と主張している。

われわれがそれとして知る「宗教」は、「他の」宗教との出会い（多元性）、および、社会を〔キリスト教の〕教会権力から解放しようとの闘争（分化）の中から生じた。したがって、これらは「世俗化」のプロセスにおける二大原動力であったと同時に、また「宗

教」の生成の主たる要因でもあったのだ。皮肉なことに、世俗化と「宗教」とは、対立物なのではまったくない。むしろ、宗教は世俗化の諸力の中から現われたのである![5]

〔傍点引用者〕

現代において「宗教」を語るということ

ところで、筆者は人間の営みとしての宗教に興味をもつからこそ、宗教学や宗教哲学という学問をしている。個人的には禅(仏教)にもっとも共感をおぼえるが、参禅するものではない。つまり、筆者は種々の宗教に関心をもちつつも、いかなる信仰ももっていないのだ。本書を読んでいる読者にも、いかなる信仰ももっていない方がいるだろう。しかし、宗教に興味をもっているがゆえに、本書を求めてくださったに違いない。すこし異なった視点からいうと、一方で「日本人は宗教的な国民ではない」といえるのに、他方で、日本人は宗教について語ることは決して嫌いではない、ということだ。二〇〇三年の意識調査では、「信仰を持っていない」日本人は、なんと七〇・九%に達する。[6]これを踏まえれば、「日本人は宗教的な国民ではないのだから、あまり宗教について語る必要もない」とも思われよう。しかし、わが国では、宗教にかかわる本は相変わらず出版され続けているし、何かにつけ、宗教が人びとの話題に上ることが多い。

宗教的でない人間が宗教について語るということに関連して、宗教社会学者のフリードリヒ・テンブルックが、次のようなひじょうに興味深い発言をしている。

> 今日では、宗教諸学の成果にかかわることなく自らの宗教について語ることは、何人にも不可能である。逆に、今日では誰もがこの成果をもちいることによって、自ら宗教に関わりあうことなく、宗教について語りうる。これは新たな〔現代に〕固有の状況なのであって、そこでは、宗教が減衰すればするほど、宗教はより以上に恒常的な主題となりうるのである。[7]〔傍点引用者〕

宗教学の成果により、みずからは宗教の信者でなくとも、われわれは宗教について語ることができるようになったのであり、宗教が衰微すればするほどわれわれは宗教についてますます語るようになる、という逆説が生まれたのだ。

2　本書における「宗教」理解

すべての人が納得する形で「宗教」を定義することは不可能であるが、ここで宗教にたいする本書のスタンスを述べておこう。

宗教とは、信者の人生や世界に究極的な意味づけをする、秩序だった意味の体系である。

しかし、さきの内包と外延にかかわる話からいえば、これではあまりにも多くのものが「宗教」になってしまう。政治イデオロギーも芸術もスポーツも、この「宗教」の定義のなかに収まるかもしれない。さらに、無神論や無宗教主義に傾倒する人びとも「宗教者」になるかもしれない。そこで、次の一文を加えたい。

宗教には、神観念や神聖性など、この世を超越する要素がみられる場合が多い。

よって、本書における宗教の定義は、以下のようになる。

宗教とは、信者の人生や世界に究極的な意味づけをする、秩序だった意味の体系である。
そして、宗教には、神観念や神聖性など、この世を超越する要素がみられる場合が多い。

さらに、この宗教の定義を補足するために、宗教にたいする筆者の基本的見解を、三つほど述べておこう。

①**宗教には実体がない**。「**実体としての宗教**」**は存在しない**。「実体」というのは、ここでは、何ものにも依存することなしに存在できる、時間を超越した永遠不変のものとでもしておく。宗教を構成する要素はいくつもある。教祖、教典(聖典)、言語、信者、共同体、教会などの施設、絵画や音楽などの芸術、儀礼や儀式、信者の心の状態や体験、信者の多種多様な活動などである。しかし、「これこそが宗教だ」といえる実体としての宗教なるものはどこにもない。もろもろの要素が全体として渾然一体となり、ある「宇宙的雰囲気」をかもし

だす。これが宗教である。

②宗教は、信者の人間存在に意味をあたえ、それが何であるかを信者に教え、信者の生き方に方向性を与える。人間は「自分とは何か」をたずねる動物である。その問いに対する答えを宗教は示してくれる。また、「いかに生きるべきか」という人生の指針をもあたえてくれる。人間は時間のなかで、つまり、過去と未来が交わる現在に生きている。いま存在している人間には、現在の状態をもたらした過去の地平と、これから向かう未来の地平とがある。人間の行為は、この二つの地平が切り結ぶところで営まれている。この二つの地平に一貫性・整合性をあたえるものが必要であろう。宗教はこれら二つの地平を整合的な関係にするのに有力な視点を提供してくれる。

③宗教は言語と切り離せない。「宗教は言語を否定/超越する」とよくいわれる。聖書には「文字は殺し、霊は生かす」とあり、仏教では「不立文字」「言詮不及」といわれる。さらに、多くの宗教において、もっとも重要な事柄については「~ではない」という否定的言辞でしか語れない、とされる。しかしながら、言語を抜きにして宗教の伝統を守ることは不可能であるし、言語を否定するにも言語を必要とする。そもそも言語がなければ、宗教は存在しないだろう。言語がなければ、たとえば仏教でいう「空」もない。「空」は、仏教という言語による秩序だった意味の体系があって初めて、存在しうるのだ。[8]

以上が宗教についての筆者の基本的な見解である。けれども、本書では多くの宗教者や宗教学者が登場し、それぞれが独自の宗教観をもっているがゆえに、文脈におうじて「宗教」も微妙に変わらざるをえない。

言語と宗教

前項で言語と宗教の関わりについてふれたが、これについて、もう少し詳しく述べたい。哲学者のなかには、「言語がリアリティを創り上げる」と考える人たちがいる。この立場にたっている、英国の二人の哲学者の言葉を紹介しよう。

まず、社会科学にも造詣のふかいピーター・ウィンチは、宗教にはふれていないが、次のように述べている。

われわれのもつ諸概念が、われわれが世界についてもつ経験の形を決定するのである。…われわれは諸々の概念によって世界を考えているのであり、これらの概念の外に出る道は無い。…世界とは、われわれにとって、これらの概念をとおして現われるものである。[9]

また、宗教哲学者のデウィ・フィリップスは、次のように語っている。

宗教言語は「物事がいかにあるか」についての解釈ではない。そうではなく、信者にとって「物事」がいかにあるか、を決定するのである。聖人と無神論者は同一の世界を異なった仕方で解釈するのではない。彼らは異なった世界を見ているのである。[10]

もちろん、言語がリアリティを創り上げるという考え方に、反対する哲学者もいる。ここで紹介した立場は「概念相対主義」といわれ、異なる立場にたつ哲学者からは批判をうけることもある。また、仏教は、言語による認識は言語で示されたものを実体視することにつながるとして、言語的認識をきびしく否定する。しかし、われわれには、言語をとおして世界を切り取る／言語をとおして世界を見ている／言語によって世界を創り上げる、という側面があることも否定できない。そこでまず、宗教にもそれ独自の言葉によってリアリティを創り上げるという側面が大いにあることを、押さえておきたい。

一つの教典（経典・聖典・正典）のなかには、いろいろなことが書き込まれている。ふつうならば、われわれが生きている世界がまずあって、その世界の中にその教典を位置づける、つまり、「世界の中に在るもの」として教典を理解するだろう。いわば「教典を世界のなかに吸収する」のである。世界には多くの宗教が存在することが自明視される現在では、そう考えるのがふつうである。しかしまったく反対に、「教典が世界を吸収する」という考え方もなりたつ。

アメリカの神学者・教理史研究家であるジョージ・リンドベックは『教理の本質』（原著出

版一九八二年）という名著[11]をあらわしたが、じっさいに「聖書が世界を吸収する」――正確には「聖書の世界のなかに宇宙を吸収する」――とする立場から研究を展開している。すなわち、リンドベックは次のように論じているのだ。

〔宗教共同体の正典となっている権威ある〕テキストに没入している人びとにとって、それらのテキストが創り上げる世界以上にリアルな世界はない。それゆえ、神聖な書物〔たとえば聖書〕の世界は宇宙をも同化することができるのだ。そうした世界は、信者たちが自分の人生を生き、現実を理解しようとする解釈の枠組みをもたらしている。[12]

リンドベックが考えている宗教とは「包括的解釈図式」であり、これによって信者たちは自己・体験・世界などについての理解を体系化するのである。さらにいえば、リンドベックが、宗教を説明するのに、「論理」「文法」「イディオム」「表現形式」「言語的枠組み」などといった、言語と密接にむすびついた術語を使用していることは、きわめて重要である。

宗教体験と言語

つぎに、言語と宗教体験の関わりについても述べておこう。

宗教と言語と体験の関係をめぐってはさまざまな研究がなされているが、「宗教では体験と言語のいずれが先行するか」という問題がある。[13] まず、一つの立場として、宗教ごとに宗教体験は異なっているようにみえるが、それは表面上のことであって、「深いところではすべての宗教体験は同一である」というものがある。この体験主義の立場によれば、同一の宗教体験こそが重要なのであって、体験を表現する言語上の相違は重要なものではない、ということになる。しかしながら、「すべての宗教における体験が最終的に同一だ」と主張できる根拠はない。

これと対立する立場として、最初に、たがいに異なった宗教言語をふくむ多様な宗教伝統があり、宗教体験はこうした伝統のなかで初めてもたらされる、というものがある。この言語脈絡主義の立場によれば、「宗教(言語)が異なれば宗教体験も異なる」ことになる。さらに、宗教言語がないと宗教体験は存在しえない、ということにもなる。しかしながら、この場合にも「すべての宗教における体験が相違する」と主張できる根拠はない。

宗教間対話とのからみでいうと、第一の立場のほうが宗教間対話にとって都合がいい。なぜなら、「表面上の相違をこえて、われわれは共通の基盤のうえに立っている」ということができ、こういった認識を信者たちが共有することができれば、対話がしやすくなるからだ。だが、共通の基盤に立っているのなら、対話してもあまり意味はない。同質的な宗教同士の対話が行き着く先は、あらかじめ決まっているからである。

第二の立場だと、共通の基盤がないがゆえに、対話することはきわめて困難にならざるをえない（第5章参照）。しかし、異質な宗教の信者が話しあうことによって、従来の視点とは違った視点から自分の宗教をみなおすことができ、自宗教についての洞察を深めることができる、という利点がある（第6章参照）。

いずれの立場をとるかは、各人が決めることだ。本書では、第二の立場をとる。

3 「規則」としての教理

宗教の核心としての教理

第2節で挙げたような、もろもろの要素が宗教にとって大切なのは充分に承知しているけれども、宗教を構成する諸要素のなかで、筆者は「言語によって示された教理」を最重要視している。もちろん、ほかにも、教祖を重んじる人、宗教体験を重んじる人、活動や運動を重んじる人、儀礼や儀式を重んじる人、宗教共同体を重んじる人などがいるだろう。人によって何を最重要視するかが異なるのは、自然なことである。教祖がいない宗教も存在するし、カントの宗教哲学では宗教体験はほとんど問題とはならない[14]。また、現代ではインターネットにより、共同体による活動・運動・儀礼・儀式などがなくとも、一人で宗教的世界に浸ることも可能である。そして、神道のように教理的側面が希薄な宗教もある。けれども、筆者は基本的に教理が宗教の核心に位置する場合が多い、と考える。

さきに、宗教はもろもろの要素が一体となって醸しだす「宇宙的雰囲気」のようなものだ、と述べた。しかし、それを分節化するのは、言語で表現される教理である。つまり、宇宙的雰囲気という捉えどころのないものを、明確化するものが教理なのだ。ちなみに、リンドベックは教理を「〈当の集団のアイデンティティや繁栄にとって本質的なもの〉と考えられる信念や実践をめぐる共同体の権威ある教え」だとしている。[15]

「教理」というと、「明確に示されていて不変なものだ」と感じられるかもしれない。キリスト教を例にとると、ニカイアとカルケドンで呈示された古典的三位一体論(イエス・キリストにおいては神と聖霊と人は一体である)やキリスト論(イエス・キリストは神にして人である)などである。しかし、明示されずに、人びとに気づかれないまま作用している教理もある。また、公認されていないが、人びとによって支持されている教理もある。たとえば、「無原罪の宿り」など聖母マリアをめぐる教理は、ひじょうに長いあいだ公認されたものではなかった(一例をあげると「聖母被昇天」は一九五〇年に正式に信仰箇条とされた)。だが、多くのキリスト教信者は、はるか昔からこれを受け入れていたのである。

さらに、詳論しないけれども、不変的な教理と可変的な教理があるし、破棄できる教理と破棄できない教理がある。また、偶然に必要とされている教理もある。[16] さらに、言語化されていない教理、つまり、何か突発的なことが生じたときに明示化される教理といったものもあるだろう。

以上のように、一口に「教理」といっても、多種多様なものがある。しかし、ある時代や地域における宗教は、こうした種々の教理の組み合わせによってもたらされているのである。「日本仏教は仏教ではない」という人がいるが、日本仏教と最初期の仏教とは別の教理体系をもっていると解釈すれば、それはそれでいいのである。

いずれにせよ、教理は宗教共同体のアイデンティティにとって欠かせないものである。筆者は、リンドベックと同じく、「宗教共同体は、みずからを同定できる教理がなければ、ほかの宗教共同体と区別できる共同体として存在できない」と思っている。

教理は命題か

判断を表わす文章のことを「命題」というが、キリスト教では「神は存在する」「イエスは神にして人である」という命題は肯定されるだろう。だが、仏教では「神は存在しない」という命題が肯定されるだろうし、神は存在しないのだから、「イエスは神にして人である」という命題は無意味である（いずれについても「無記」というのが仏教本来の態度であるが）。

また、同じキリスト教のなかでも、カトリック信者は聖餐式において「ぶどう酒とパンはイエスの血と肉に変わる」とみなすのに対し、プロテスタント信者は「ぶどう酒とパンはイエスの血と肉に変わらない」と主張する。

これらの教理は命題で表わされているのだが、矛盾・対立の関係にある。もしも双方が自分たちの正しさを主張しつづけたとしたら、その対立は解消されない。もちろん、「それでいい」という見方もあろう。だが、こうした事態は軋轢や相克の原因ともなるから、できれば回避すべきである。

また、たとえ教理は命題の形で述べられるとしても、それは論理学者が主張するような、あらゆる時代や地域の制約をうけない普遍性をもつ命題、すなわち、どの宗教にも妥当すべき命題と見なさなければならないだろうか。その必要はない。もしも対立する命題の普遍性を主張する複数の宗教が論争をはじめたら、収拾がつかなくなる。前段落で述べたことと関係するが、そもそも宗教が対立し悲劇を生みだす原因の一つはここにある。

そうかといって、仏教徒もキリスト教徒も、カトリック信者もプロテスタント信者も、命題で表現された自分たちの信念を変える必要はまったくない。自分たちの信念はそう簡単に変わるものではないし、命題の形で表わされた教理は放棄しなくてもよいのである。

しかし、右の二つの事柄(宗教の教理は命題の形で表現されることと、その命題は普遍性をもつ必要はないこと)は、読者にとって両立しえないように見えるだろう。命題ならば真偽を決定でき、その真偽は普遍性をもつと考えるのが常識だからだ。それでは、二つの事柄を調停するうまい手があるだろうか――ある。「二つの宗教の内部では教理は命題の性格をもつが、異なる宗教のあいだでは、教理に普遍性をもたせる必要はない」と解釈すればいいのである。言いかえれば、次に論じるように、「教理」を「規則」とみなせばいいのである。

「規則」としての教理

日本やイギリスでは、人は道路の右側をあるき、車は左側をはしる。アメリカやドイツでは、人は道路の左側をあるき、車は右側をはしる。サッカーでは、ゴールキーパーを除いて選手はボールを手で扱ってはならないが、バレーボールではそうしてもかまわない（そうしないとゲームができない）。さきの仏教とキリスト教の教理の相違は、こうした相違だとみなせばよい。

日本では、人は道路の右側をあるき、車は左側をはしることになっているが、道路が工事中のこともある。その場合、人が道路の左をあるき、車が右をはしる、という状況も生じる。聖餐式のさいのパンとぶどう酒をめぐるカトリック信者とプロテスタント信者の見解の相違は、このようなものだと考えればよい。つまり、同じ交通規則を遵守している国のなかでも、なんらかの事情により、規則が変わることもあるのだ。これを裏書することにもなるが、パンとぶどう酒をめぐるカトリック信者とプロテスタント信者の相違は、キリスト教のなかではそれほど大きなものではなく、宗教改革をおこなったルターですら、「ぶどう酒とパンはイエスの血と肉である」とみなしていたようである。

さきに紹介したリンドベックは、教理を「規則」とみなす観点から議論を展開している。[17] 彼の「教理の規則理論」は、「教理が宗教共同体のなかでどのような使われ方をするか」「信者のどのような行動を導くか」を重視する。こうしたことは、宗教によって異なる。そこで、真なる命題の普遍性を強調する命題主義者の見解とはことなって、教理は普遍妥当性との関連で「正しい」とか「誤り」だとか判断をくだすべき認識的な主張ではないことになる。また、教理は、傑出した宗教者がもった前言語的で普遍的な宗教体験を、言語によって表現したものでもない。教理はおのおのの宗教伝統内で信者の生活を組織化する「規則」あるいは「権威をもつ教え」であり、おのおのの宗教伝統はそれぞれ独自の規則をもっている。キリスト教の場合は、それは聖書にみられるさまざまな物語のうちにふくまれている。そして、キリスト教徒であることは、イエス・キリストに焦点をおいた聖書の物語で語られているヴィジョンによって生きることとなのだ。

教理を規則として考えることの利点の一つは、命題の内容がきわめて鋭く対立しているような状況においてすらも、それらはしばしば調停されうることである。命題の普遍性に固執する命題主義は、宗教の真理を一義的な諸命題の体系としてとらえるわけだから、教理は現実・事実と存在論的に「一対一」的に対応するときにかぎって真理となる。そうすると、複数の宗教の教理が対立する場合、双方とも正しいということはない（ある宗教の教理が正しければ、これと対立する宗教の教理は必然的に正しくない）のだから、その調停は不可能になってしまう。さらに、自分の宗教のみを絶対に真なるものとみなして他の宗教を偽だとする、独善的排他主義におちいる危険もある。これに対して、教理を規則として考えれば、そうした懸念はすくなくなる。なぜならば、サッカーとバレーボールでは規則が違うように、宗教ごとに規則はちがっているからである。サッカーとバレーボールのいずれがより素晴らしい競技かを決められないように、「いずれの宗教の教理が正しいか」をめぐる論争に答えをもとめる必要はないのだ。

教理を規則として考えることのもう一つの利点は、諸宗教の独自性・固有性を温存できることである。宗教体験を例にとれば、体験主義は「諸宗教はある共通の普遍的な宗教体験の核をもっており、これがさまざまな宗教伝統の言語によって表現されるだけだ」とする。そうだとすれば、その共通の体験の核が重視され、言語レベルでの表現の相違などは取るに足らないものとなり、諸宗教が同質化していく可能性がある。「それでもいい」という人もいるかもしれないが、筆者は異質な宗教が混在しながら共生していく状態のほうが好ましいとみる。また、こういった状態が今後もずっとつづくであろう。諸宗教の同質化をさけるべき事柄とみなす場合には、教理を規則としてとらえると、同質化という心配はない。なぜなら、「規則の相違に連動して、それぞれの宗教における宗教体験は相違する」と考えるのが自然だからだ。さきに、これを保証する根拠はない旨を述べたが、おそらく、規則の相違と連動して宗教体験が相違する可能性は高い。

これまで、教理を規則として捉えることの利点をみてきたが、これには弱点もある。その弱点とは、「宗教ごとに規則が異なるのだから、宗教間対話が困難になるおそれがある」ということだ。サッカー・バレーボール・野球・ラグビー・カバディ・カーリング・駅伝・自転車のロードレース・ドッジボール・卓球の団体戦・水泳のメドレーリレー・アメリカンフットボールなど、さまざまな団体競技があって、それぞれに違った面白さがあり、われわれを楽しませてくれている。しかし、それらの競技の選手やファンが、それらの競技の面白さについて話しあうというような状況を想定するとき、問題が生じる。規則が競技ごとにちがうのだから、野球の投手戦の息づまるような面白さが右の他のスポーツにはないように、面白さもそれぞれの競技において違ったものになることは自明である。そうであれば、競技の面白さについて語りあっても、なかなか相互理解はできないことになろう。しかし、選手やファンが同一／同質のスポーツをめぐって話し合うのなら、話は大いにもりあがるであろう。

宗教の場合にも、同様のことがいえる。すなわち、異なる宗教の信者同士の相互理解は困難になるということだ。

これまでの論述から、本書では相対主義的な立場から宗教を理解していることが分かったと思う。リンドベックのように、「それぞれの宗教には、それ独自の教理や規則が存在している」と見なしているからだ。ただし、一つだけ補足したい。それは、そうした**教理や規則さらに宗教の真理といったものを、まったく変わらない固定的なものとしてとらえてはいけないということである。あまりにも極端にそれらの不変性・固定性に執着してしまうと、そこからは創造的な宗教間対話が生まれない**からだ。また、右の弱点をのりこえる鍵もここにある。こうした事柄については、第6章において論じたい。

❖1　霊性(スピリチュアリティ)とは、目に見えない何かを感じる資質であり、宗教体験そのものと言ってよいかもしれない。鈴木大拙は宗教儀礼・教義・組織の土台としての宗教体験を「霊性」と呼んでいる。近年では、宗教(とくに教団宗教)の脈絡から離れて、半ば「宗教」との対抗関係から、非教団的な宗教性を霊性と呼ぶことが多い。なお、霊性とか聖霊とか、「霊」がつく概念は理解しにくい場合が多い。

❖2　そうだとすると、もともと日本・中国の教えなどには包括的な意味での「宗教」概念ないしこれと等価な概念は存在しなかったのだから、そうした教えを記述するのに「宗教」なる言葉を使用することには問題もある。このように、近代ヨーロッパで生まれた「宗教」概念を使用することには、種々の問題がつきまとうことになる。

❖3 深澤英隆「〈宗教〉の生誕——近代宗教概念の生成と呪縛」(岩波講座「宗教」第一巻『宗教とはなにか』二〇〇三年)二五—二九頁、参照。

❖4 ちなみに、「キリスト教」(christianismos)という名称が使われるようになったのは、教父時代以降のことだといわれている。挽地茂男によれば、「キリスト教」という呼称を用いたのは、ローマ皇帝トラヤヌス(在位九八—一一七年)の治世の後年に殉教した、アンティオキアの主教イグナティオスが最初である(『マグネシアのキリスト者への手紙』一〇・三)。

❖5 深澤英隆「〈宗教〉概念と〈宗教言説〉の現在」(島薗進・鶴岡賀雄編『〈宗教〉再考』ぺりかん社、二〇〇四年)二五頁。原文は次の論文にある。Andrew Mckinnon, "Sociological Definitions, Language Games, and the 'Essence of Religion'" in : *Method & Theory in the Study of Religion*, vol. 14, 2002, p. 69.

❖6 「日本人の宗教意識・神観に関する世論調査——二〇〇三年」(國學院大學21世紀COEプログラムの報告書、二〇〇五年)六頁。けれども、日本人が宗教的でないか否かは、難しい問題である。私見では「日本人は宗教的である／宗教的でない」のいずれともいえる。ここでは、この問題に立ち入るつもりはない。現代において宗教を語るということはいかなることかを、理解するための一助になればよい。
　また、参考までに、石井研士『データブック現代日本人の宗教』(新曜社、二〇〇二年、一六八頁、一七二頁、一八五頁)には、新聞社の次のような調査結果が掲載されている。一九六九年、「宗教を信じていない」日本人は、五八・〇%。一九九四年、「自分が幸せな生活をおくる上で、宗教は大切ではない」という日本人は、五九・九%。一九九五年、「自分が生きていく上で、宗教は大切ではない」という日本人は、五九・〇%。

❖7　深沢、前掲論文、三一頁。原文は次の論文にある。Friedrich H. Tennbruck, "Die Religion im Maelstorm der Reflexion" in: Th. Luckmann et al. *Religion und Kultur*, KZfSS Sonderheft, 1993, S. 33.

❖8　言いかえれば、「空」は、仏教という「言語ゲーム」があって初めて、存在しうるのだ。また、「空」を「X」というものごとの様態だとした場合、いくら精確に「X」について分析的記述をしても、「X」は最終的に「空」にはならない。「X」が「空」であるためには、「空」という言葉を必要とするのである。
　筆者は「宗教言語ゲーム論」を唱えており、黒崎宏の「言語ゲーム一元論」を基本的に支持する。筆者の「宗教言語ゲーム論」については、星川啓慈『言語ゲームとしての宗教』(勁草書房、一九九七年)を、黒崎宏の「言語ゲーム一元論」については、黒崎宏『ウィトゲンシュタインから龍樹へ――私説「中論」』(哲学書房、二〇〇四年)を、それぞれ参照していただきたい。

❖9　ピーター・ウィンチ（森川真規雄訳）『社会科学の理念』新曜社、一九七七年、一八頁。

❖10　Dewi Z. Phillips, "Religious Beliefs and Epistemology : Some Contemporary Confusions" in : *Faith and Philosophical Enquiry*, Routledge & Kegan Paul, 1970, p. 132.

❖11　George A. Lindbeck, *The Nature of Doctrine : Religion and Theology in Postliberal Age*, The Westminster Press, 1984. ジョージ・A・リンドベック（田丸徳善監修、星川啓慈・山梨有希子訳）『教理の本質――ポストリベラル時代の宗教と神学』ヨルダン社、二〇〇三年。

❖12　同訳書、二二〇頁。

❖13　この問題の立て方自体がもう古い、という見解もある。たとえば、藤原聖子「宗教的雰囲気・感覚は言語化不可能か」（島薗進・鶴岡賀雄編『宗教のことば――宗教思想の新しい地平』大明堂、一九九三年）参照。だが、このパラダイムに代わる優れたパラダイムはなかなか見つからない。

❖14　木村勝彦「カントの宗教的エートスについて――理性と進歩と深淵」（前掲『宗教のことば』二一九頁、参照。そこにはこうある――「宗教について語るとき、カントは何らかの固有な宗教体験を前提とすることがないのである。むしろ個々の宗教体験をひとまず捨象した上で、宗教のもつ意義を解き明かそうというのが哲学的宗教論の趣意にほかならない」。

❖15　リンドベック、前掲訳書、一三五頁。

❖16　種々の教理については、同訳書の第4章と第5章を参照されたい。

❖17　「教理の規則理論」については、同訳書の随所で論じられている。また、次の論文はリンドベックのこの理論を理解するうえで参考になるだろう。星川啓慈「宗教間対話における〈教理〉の問題」（星川啓慈・山梨有希子編『グローバル時代の宗教間対話』大正大学出版会、二〇〇四年）。なお、本書では「教理」と「教義」が混在しているが、両者の関係についても同論文において論じている。原則として、本書では外延の広い「教理」を用いる。ただし、引用文については、原著者の表記にしたがう。

第2章

宗教間対話とは何か

1 「宗教間対話」とは何か

宗教間対話の意義と必要性

宗教間対話とは何かについて述べる前に、それを促進させることの意義や必要性について、四つの観点から述べておきたい。それらがないと、宗教間対話のもつ重要性も理解されないであろうから。

①環境保全・難民救済・貧困の撲滅・女性の地位向上・宗教がからむ戦争の抑止や早期終結など、人類が直面している現実問題に対して、諸宗教が協力してさまざまな貢献ができる。いわゆる「宗教間協力」である。これについては、第4章で具体的にくわしく論じるけれども、世界のもっとも多くの人びとに関わる側面である。

②諸宗教の信者たちは、異質な宗教を知ることでみずからの宗教を新たな視点から見なおすことができる。たとえば、キリスト教徒でプロセス神学者でもあるジョン・カブが述べているのだが、キリスト教信者は仏教を知ることにより、その視点からキリスト教をさらに深く見つめなおすことができる。またその反対に、仏教の信者はキリスト教を知ることにより、その視点から仏教をさらに深く見つめなおすことができる。つまり、他宗教を知ることで、自己ないし自宗教を、他宗教の視点をとおしてさらに深く理解することができるのだ。これ

については、第6章で詳論する。

③宗教には時間とともに自己硬直化する傾向があるけれども、他宗教との対話をとおして、硬直しがちな自宗教にダイナミズムや生命力をあたえることができる。自分の宗教のなかに安住しながら信仰を深めるのも悪いことではない。しかし、グローバル時代の現代においては、積極的に他宗教の信者と対話しながら、自宗教を見なおすことが賢明であろう。

④多種多様な宗教が対話することで、人類は、これまでになかった新時代の新たな「宗教」を生み出すことになるかもしれない。これは良いことか悪いことか、評価の分かれるところに違いない。諸宗教には「純粋性を保ちたい」という願望がある。そうした観点からは、諸宗教のいわば融合は良いことではない。しかし、実際の宗教史をみると、「シンクレティズム」(宗教混交)という現象が見られる。今日のわが国の仏教諸派をみても、現代のキリスト教諸派をみても、何らかの形でシンクレティズムが観察できる。これはおそらく、今後も見られる現象であろう。だとすれば、宗教間対話によってグローバル時代の新たな宗教が誕生するかもしれない。

宗教間対話の歴史

第1章でくわしく述べたように、「宗教」という普遍的なカテゴリーがあって、このなかに仏教やキリスト教などさまざまな個別の宗教がふくまれる（もちろん今では世界中の「新宗教」もふくまれる）と考えられるようになったのは、一七・一八世紀の西洋においてのことだから、三〇〇年ほど前のことでしかない。つまり、それまで、仏教（仏道）・神道・ユダヤ教・キリスト教・イスラム教などはあっても、今日の意味での「宗教」はなかったわけだ。したがって、当然「宗教間対話」も存在していなかったことになる。

だが、遠い過去から、世界のほとんどの地域において「教え」（現在の宗教）が連綿と存在してきたのは明らかである。それらの教えが存在し始めてから、異なる教えがたがいに接する機会は、知られている以上に、多くあったにちがいない。その場合、友好関係を結んだこともあったろうし、敵対関係に陥ったこともあろう。「宗教間対話」の定義にもよるが、広い意味での宗教間対話は、昔から世界の多くの地域で存在してきたのである。

このように、遠い過去から広い意味での宗教間対話は存在してきた。だが、本書でいう狭義の「宗教間対話」は、一九六〇年代以降にみられる諸宗教の対話をさす。というのは、現代の宗教間対話について考える場合、一九六二年から三年間にわたって開催された、「第二バチカン公会議」が決定的に重要だからである。

後ほどこの公会議について述べるつもりだが、そのまえに、一八九三年に開かれた「万国宗教会議」を紹介しておきたい。[1] この会議から本格的な宗教間対話が始まる、と考える人もいるからだ。

万国宗教会議

「万国宗教会議」は、世界コロンビア博覧会の関連事業の一つとして計画された。博覧会そのものは、一九世紀の近代文明の粋を集めさまざまな技術の発展を世界に誇ろうとする内容のものであり、その期間中、二〇〇あまりの国際会議が開かれた。そのなかで、アメリカのプロテスタント信者を中心に、「世界の偉大な宗教の指導的な代表者たちを、史上はじめて一堂に集め、精神界の万国博を開こう」との機運がたかまり、万国宗教会議が実現したのである。

シカゴのミシガン湖畔ちかくが会場となったが、世界の一六におよぶ宗教の代表者約二〇〇人が参加した。日本からも、臨済宗円覚寺派管長の釈宗演をはじめとして、六人の宗教者が参加する。そして、一六日間にわたり、各宗教／各宗派の教理・歴史・活動の紹介からはじまって、人種差別・女性の地位向上などの社会問題にいたるまで、幅広い講演や討論が行なわれた。

開会式の会場には、五〇〇〇人以上の聴衆者がつめかけた。大会委員長をつとめたのは、プレスビテリアン教会の牧師であるジョン・バローズであった。開会式当日、各宗教の正装に身をつつんだ約二〇〇人の代表が会場正面の壇上にならぶなか、バローズは次のような歓迎のあいさつを述べている。

諸君、今回の大会を、そこらにあふれた講演会と混同しないで下さい。これこそ、実に歴史上特筆すべき出来事です。風光明媚な日本から、地味豊かな中国から、水色清冽なインドから、イランから、シャムから、地震国ザンチ島から、学術のメッカたるドイツから、文明の中心たるフランスから、われらの母国たる英国から、わが愛する合衆国から、無慮一六宗の代表者が来たり会して、真理の研究に従事するとは、これこそ空前の出来事といえないことがありましょうか。「始めあるは易く、終わりあるは難し」と申します。われらは、幸いに四海同胞兄弟たる諸君の賛助を得て、ここにこの大会を開くことができました。諸君、ねがわくは、一宗一派の偏見を捨てて、互いに相敬愛し、真理の生命をして健康ならしめて下さい。いささかここに歓迎の意を表して、あわせて諸君の万福を祈るものです。

このあいさつ文からは、百年以上たった今日になっても、当時のバローズの万国宗教会議開催にたいする情熱と開会式典の熱気が、そのまま伝わってくる。

日本からは釈宗演が仏教思想について紹介している。それまで、欧米で一般に知られている宗教といえば、だいたいキリスト教・ユダヤ教・イスラム教の三宗教であった。けれども、この万国宗教会議を契機に、欧米においても、仏教・ヒンドゥ教・ジャイナ教・儒教などの宗教が知られるようになった。

日本から万国宗教会議に参加した、釈以下の六人は、帰国したのち各地で報告会を開催し、これが契機となって、日本各地で宗教会議・宗教大会などが次々と開催されていった。しかし残念ながら、継続的な諸宗教間の交流にまでは発展しなかった。日本において宗教間の交流・対話・協力が本格的に始まるのは、第二次世界大戦後のことである。

第二バチカン公会議

さて、第二バチカン公会議に話をもどそう。

この公会議の目的は、カトリック教会を「現代化」することにあった。そして、その「現代化」の一つが、他宗教にたいして開かれた態度をとることを意味していた。それまでのカトリック教会は、基本的に、他宗教の存在を容認してこなかった。これは、三世紀の教父キプリアヌスの言葉に象徴される――「教会の外に救いなし」。もちろん、カトリック教会といえども、場合によっては、他宗教に好意的な態度をしめすこともあったろう。だが、全体として、排他的なカトリック教会だったから、諸宗教の存在を肯定することなどありえなかった。

それまで自己の絶対性・唯一性・至高性を死守しつづけてきたカトリック教会が、他宗教にも一片の真理があることをまがりなりにも認めた画期的な宣言が、公会議における「キリスト教以外の諸宗教に対する教会の態度についての宣言」である。その一部を引用しておこう。

> カトリック教会は、これらの諸宗教〔ヒンドゥ教・仏教・イスラム教・ユダヤ教〕のなかに見出される真実で尊いものを何も排斥しない。これらの諸宗教の行動と生活の様式、戒律と教義を、まじめな尊敬の念をもって考察する。それらは、教会が保持し提示するものとは多くの点で異なっているが、すべての人を照らす真理の光線を示すこともまれではない。…したがって、教会は自分らの子に対して、キリスト教の信仰と生活を証明しながら、賢慮と愛をもって、他の諸宗教の信奉者との話し合いと協力を通して、かれらのもとに見出される精神的・道徳的富および社会的・文化的価値を認め、保存し、さらに促進するよう勧告する。[❖2]

ここには、「話し合いと協力を通して」、他宗教への開かれた態度をもつことの重要性が高らかに謳われている。もちろん、その後、カトリック教会がひたすらこの路線を歩みつづけてきたかというと、必ずしもそうとはいえない。反動的な側面もみられるし[❖3]、宗教間対話を積極的におしすすめてきた聖職者が、その難しさを吐露したりもしている[❖4]。

しかしながら、他宗教への理解もしめすような方向性を明確に打ち出したこの公会議は、本書で論じる「宗教間対話」にとって、記念碑的なものとなった。

カトリック教会以外のキリスト教諸派の動向についてもふれておきたい。かつて、キリスト教諸派が世界各地で宣教をおこなったさい、宣教師たちは、アジアやアフリカへの宣教過程において、同じキリスト教徒でありながら信者を取り合う、という状況に直面した。さらに、それらの地域の貧困や抑圧に苦しむ人びとを目の当たりにして、「救い」を天国ではなく、この世で実現することを求められた。そのさい、教派をこえて一致協力することが必要であった。

こうしたことも作用して、宣教をめぐる諸問題について話しあうため、一九一〇年にエディンバラ世界宣教会議がひらかれる。これが一九二一年に国際宣教協議会として組織され、さらに、一九六一年に「世界教会協議会」(WCC)に統合された。一九一〇年に会議が開かれたときの問題意識は、「宗教間対話」というよりも、エキュメニズム――「教会再一致運動」などと訳されるが、歴史のなかで多くの教派に分裂したキリスト教をもう一度ひとつにしようという動き――にあったのだが、一九六八年の第四回世界教会協議会において、宗教間対話への意志が明確にされた。

この例からも、やはり一九六〇年代というのは宗教間対話にとって大きな転機となった時期だといえる。その後も、一九七九年には「諸宗教とイデオロギーに生きる人びととの対話に関するガイドライン」を発表するなど、いまやWCCは所属教派が三〇〇をこえるキリスト教最大の宗教間対話のための組織となっている。

表1　宗教間対話の3形態

① 対話	（言葉を用いた相互理解）
② 協力	（共通する実践的目標の実現のための協働）
③ 霊性交流	（体験を重視した相互理解）

宗教間対話の三形態

宗教間対話を研究している山梨有希子にしたがえば、目的と形態から、宗教間対話は大きく次の三つに分類できる。[5] もちろん、分類方法はほかにも考えられるが、宗教間対話とは何かを知るには、この三分類が便利である。

①対話——何らかのテーマのもとに、諸宗教の代表者や学者がつどい、論議をするもの。言葉による対話という形をとり、宗教間対話の代表的な形態である。バチカン公会議後の初期の宗教間対話には、諸宗教の教理を比較したり、共通する聖典を手がかりに相互理解をふかめることによって、「他宗教を自宗教のなかにどう位置づけるか」をさぐるような対話が多かった。それが二〇年ほどたつと、たとえば「異宗教間結婚」についてそれぞれの宗教がどういった立場にたって

いるのか、それにどう対処していくのか、というように、議論の内容が具体的・実践的な色彩をおびるようになる。

②宗教間協力——諸宗教の信者たちが、何らかの目的のために、一致協力して行動をおこすもの。具体的には、「平和」「正義」「環境」「人権」などをめぐって、共同声明を発表したり、それらの実現・向上にむけて活動する。言葉のやりとりによる宗教間での理論的な相互理解というよりも、実践的な行動に重きをおく。

③霊性交流——異なる宗教に属する信者たちが、おなじ体験を分かちあうことにより、相互の理解をふかめるもの。一九七九年からはじまった「東西霊性交流」が有名である。これは、主にカトリック教会と禅の関係者の間で行なわれており、四年に一度ほどの割合で、禅仏教徒とキリスト教徒がヨーロッパの修道院と日本の禅寺をたがいに行き来し、そこで共通の体験をわかちあうといった交流がなされている。ほかにもいろいろとあるが、霊性交流とは「沈黙の対話」だといってよいだろう。

宗教間対話を以上のように三つに分類してみたが、簡単にまとめれば、①言葉を用いた相互理解を主要な目的とする「対話」、②共通する実践的目標の実現のために協働する「協力」、③言葉を使用せず体験を重んじる「霊性交流」の三つ、ということになる。もちろん、すべての「宗教間対話」がこの三つにクリアーカットに分けられるわけではない。それらは相互に交じり合っている。①と③については第6章で、②については第4章でとりあげたい。

2 対話の内実と問題

宗教間対話のテーマ

宗教間対話のテーマは時代とともに変化している。キリスト教とユダヤ教の対話が中心となるが、少しばかり宗教間対話の具体的なテーマを挙げてみよう[6]（西暦の下が対話した宗教で、「　」の中がその時の主題である）。

表2　宗教間対話のテーマ

一九七一年　キリスト教とイスラム教
「互いの深い理解と平和のために祈りをささげる」

一九七三年　キリスト教とユダヤ教
「キリスト教とユダヤ教の関係と神学校におけるカリキュラムについて」
カトリックとユダヤ教
「聖典と対話」
「カトリックとユダヤ教の関係および教育」

一九七五年　カトリックとユダヤ教
「アメリカにおける中絶問題について」
キリスト教とユダヤ教
「キリスト教の説教のためのユダヤ教の聖書注釈の使用」
キリスト教とユダヤ教
「キリスト教とユダヤ教の関係の新しい次元」
キリスト教とユダヤ教
「人類共同体という文脈における教会とユダヤ教の関係」
「科学技術における創造にかんするキリスト教とユダヤ教の伝統」
（この間省略）
一九九五年　キリスト教とユダヤ教
「反ユダヤ主義と福音書」
キリスト教とユダヤ教
「脅威それとも希望？　諸宗教間の活動について」
諸宗教
「イスラエルにおけるユダヤ人とアラブ人の共存のための教育、その橋渡し」
キリスト教とユダヤ教
「キリスト教とユダヤ教の関係における本質的問題・対話のための教育の方法」
一九九六年　キリスト教とユダヤ教
「医療倫理の問題、異宗教間の結婚、寛容の概念について」
一九九七年　キリスト教とイスラム教
「ムスリムとクリスチャンは互いにどのように語るのか――権利とマイノリティ」
キリスト教とユダヤ教

「聖書の物語の異なる読みかたについて」

キリスト教とイスラム教とユダヤ教

「アメリカにおけるイスラム教の位置

——宗教間対話におけるイスラム教・ユダヤ教・キリスト教の出会い」

一九九八年　キリスト教とユダヤ教

「詩篇の精神性と預言書にみられる社会的モラル」

カトリックとユダヤ教

「カトリックとユダヤ教の対話における新しい方向性」

一九九九年　カトリックとイスラム教

「カトリックとイスラム教の対話・異宗教間結婚・家庭生活について」

キリスト教とイスラム教

「〈神の言葉〉について対話し、ともに祈る」

諸宗教

「宗教間での協働について」

こうした宗教間対話のテーマには、先の三つの要素(言葉を使用する対話・宗教間協力・沈黙の霊性交流)を見出すことができる。

しかしながら、これらのテーマには、相克や戦争にかかわるものは正面きって取り上げられていない。また、さまざまな資料に掲載されている宗教間対話のテーマを探してみても、それらをテーマとして直接に掲げているものはあまり多くない、と予想できる。相克や戦争をめぐるテーマの設定が困難なのは、「負の歴史」も背負いながら存続している諸宗教にとって触れられたくない問題も多いだろうから、また、意見の先鋭な対立も生じるだろうから、無理はない。しかし、今後は、諸宗教は自分たちが残した「負の遺産」を対話によって認め合うことも必要ではないか。たとえば、日本の場合、仏教も神道もなんらかの形で戦争をおし進めた側面をもっていることは否定できまいが(第4章参照)、終戦後六〇年以上たった現在、あらためて仏教徒と神道者が自分たちの負の遺産について話し合うといったことである。

「国際宗教学宗教史会議」東京大会

本書の「はじめに」で言及したように、二〇〇五年三月に東京で国際宗教学宗教史会議第一九回世界大会が開催された。本書は、この大会の総合テーマときわめて深い関係にある。その大会総合テーマは「宗教——相克と対話」であった。そして、サブテーマは「戦争と平和、その宗教的要因」「境界と差別」「普遍主義的宗教と地域文化」など五つであった。その大会総合テーマについては、少々長くなるが、以下のように述べられている。

総合テーマ「相克と平和」(Conflict and Peace)は、現代世界でいちじるしく重要性を増している問題の一つであり、今日の学問世界でひろい議論の対象となっているテーマとして、これを掲げた。宗教学者は、相克と平和という問題群にかんして諸宗教ないし宗教伝統がさまざまなかたちで果たしている役割を多様な視点から分析することで、この論題に大きな寄与をなすことができるだろう。この総合テーマは、現代の諸宗教だけでなく、過去の諸宗教にもあてはまるものだ。……

宗教は、社会的・政治的あるいは民族的なアイデンティティの標識として、人びとの心や社会秩序の安定に寄与するだろう。しかし、こうしたアイデンティティの標識が、さまざまな相克を生み出すこともある。だが、宗教がいつも集団の暴力的相克と原因となり、それを促進するとは限らない。宗教あるいは宗教的イデオロギーが、社会的暴力の抑圧に役立つこともある。冷戦時代には、宗教は平和と安定に寄与するものという考え方が強くあった。しかし、ここ数十年をみると、宗教こそが文明の相克を増幅しているとみられる事例が増え、宗教の秩序破壊的側面への懸念が増大している。なればこそ、文明間〔宗教間〕の対話によって、相克を和解へもたらす期待も高まっているのだ。……

各宗教はそれぞれに、平和や解放という勝利をえた神格や半神的存在や規範的人格の姿を伝えてきた。その一方で、たがいに戦いを絶やすことなく、天上にもまた地上にも、不信や悲惨をくりひろげてやまない神々の姿もある。それは、そうした神々を崇敬する人類の鏡像なのかもしれない。けっきょく、神々とは、死すべき人間たちの平和と調和に、あるいは暴力と憎しみに、究極的な根拠をあたえるものともいえる。宗教の指導者

> は、熱狂や混乱をひきおこし、破壊的な事態の呼び水となることもあるけれども、また、世界に平和をもたらす者となることもあるだろう。……
>
> 活発な学問的討議がおこなわれ、それを通じて、歴史上の宗教ならびに現代の宗教がどのように相克と平和に関わってきたか／いまも関わっているか、が明らかにされることを期待する。[7]

宗教は、人びとの心や社会秩序の安定に貢献することがある一方で、種々の相克を生み出すこともある。近年、宗教がさまざまな対立や相克を生み出す原因と考えられる事例が増えているがゆえに、この総合テーマの設定の背景には「諸宗教の対話によって、対立や相克を少しでも和解へと転換させたい」という期待が見てとれる。

公開シンポジウム「宗教と文明間の対話」では、司会をふくめて、世界的に著名なパネリストのすべてが「今後の世界において宗教間対話がいかに大切か」を異口同音に述べていた。もちろん宗教間対話は種々の問題をふくんでいるけれども、やはり、これを抜きに人類の未来は語れないのである。しかしながら、私見では、公開シンポジウムは、「今後、宗教間対話をどういう方向で展開させればいいのか」という問いに対しては、具体性に欠けていた。また、驚いたことに、およそ一三〇〇もあった発表・パネルなどのなかで、正面からまともに宗教間対話に取り組んだものは、ほとんどなかった(おそらく二つ)。

けれども、大会の総合テーマが「宗教——相克と平和」であり、世界的に著名な四人がすべて宗教間対話に言及したという事実は、宗教間対話にとって、きわめて重大な意味をもつ。つまり、今後、宗教がかかわる諸活動は宗教間対話を正面から見すえる必要がある、ということだ。

新しい宗教間対話へ

宗教学者でイスラムの専門家でもある小田淑子は、自分が論じる「実践知としての寛容」と宗教間対話を対比させながら、従来の宗教間対話の神学的性格を三つにまとめている。最近は、宗教間対話のあり方も多様になりつつあるが、なお、神学的性格をもっている。第一に、その討議の主要テーマは神の存在など宗教的真理や、救済や信仰に関する洗練された教義が中心で、日常的な儀礼や生活様式はあまり議論されない。第二に、仏教やキリスト教の公的な教義が否定する民間信仰や崇拝の諸形態も討議内容から排除されている。…第三に、神学の伝統をもたない諸宗教は対話に参加しにくい。…宗教間対話では、素朴な信仰も、素朴な宗教否定や宗教嫌いも論じられにくい。そのような人びとは対話の参加者になりにくく、教会や教団の代表は素朴な信仰や宗教否定を代弁する立場をとりにくいからである。[8]

こうした小田の指摘は、主としてエリート信者による従来の宗教間対話に対しては、たしかに的確である。その一方で、宗教間対話は現在までの状態を墨守する必要もない。反省すべきことは素直に反省し、宗教間対話を刷新していけばよい。小田の指摘との関連で、筆者の見解を述べれば、次のようになる。

第一の点については、宗教間対話のテーマを検討する必要があるだろう。実際のところ、これまでの宗教間対話には、長い伝統をもつ宗教の代表的神学者や宗教哲学者の参加が多い。それは、たとえば南山宗教文化研究所が積極的におこなってきた宗教間対話の成果に反映されている(「読書案内」参照)。だが実際には、それほど数は多くないと予想されるが、「生活様式」などについての宗教間対話も行なわれている。[9] いずれにせよ、従来のテーマに、小田が述べる儀礼や生活様式にくわえて、人類が直面している課題・難題、すなわち世界平和・環境汚染・人権侵害・医療倫理などにかかわる問題を、新たなテーマとして設定することが求められる(後述のように、すでになされてはいる)。

第二ないし第三の点については、民間信仰の信者たちも、神学の伝統をもたない素朴な宗教の信者たちも参加できるように、宗教間対話を変えていかなければならない。なぜなら、後述する「公共哲学」を宗教間対話に導入するかぎり、そうした宗教の信者を宗教間対話から締め出すわけにはいかないからだ。つまり、宗教間対話はもはやきわめて高度な専門知識をもつ神学者や宗教哲学者の独占物と見なす必要はなくなりつつあるし、そうであってはならないのである。

さらにいえば、第三の点については、宗教間対話の参加者として、無宗教者や「素朴な宗教否定や宗教嫌い」の者もとりこんでいく方向も考えられないではない。じつは、筆者自身は、当事者として宗教間対話に直接参加したことはなく、宗教間対話を宗教現象の一つとみなして、それから距離をとって研究するというスタンスをとっている。すなわち、人間の営みとしての諸宗教には興味をいだきつつも、実際には「無宗教者」に属する筆者のような者が宗教間対話について発言しているのだ。このこと自体が、右の方向の現われであるかもしれない。ただし、筆者は、宗教者と無宗教者の対話も必要だと考えるけれども、「宗教間対話」に限定した場合には、宗教を信じない者や否定する者をそれに参加させることには賛成できない。なぜなら、そうなると、もはや宗教間対話の域をはみ出てしまうからだ。[10]

「宗教否定や宗教嫌い」の者を宗教間対話に参加させることを留保するとしても、右のような方向で、新たな宗教間対話の可能性を考えることができる。すなわち、健全な市民倫理・市民感覚を身につけた諸宗教の一般信者を宗教間対話に参加させ、これを一部のエリート信者から解放することである。もちろん、エリート信者による宗教間対話もそのまま存続するのは一向にかまわない（筆者も神学的・哲学的対話は大好きである）が、それ以外の信者たちによる宗教間対話もいっそう活発になればよい、というのである。また、テーマについていえば、「神の存在など宗教的真理や、救済や信仰に関する洗練された教義」のみならず、儀礼や生活様式にくわえて、人類が直面している課題・難題について話し合えばよい。そうした試みはすでになされており、それが宗教間対話の主流になる気配もうかがえる。

グローバルな意識と公共哲学

異なった宗教のあいだで実り多い対話が成立するためには、まず、おのおのの宗教の信者たちが、教理・教義・信条・教学などについて明確な相違や隔たりがあることを相互に認め合うにも拘わらず、「自分たちは大きな一つの共同体に属している」という意識をもつことが望ましい。つまり、諸宗教の信者たちに「世界的な共同体に自分たちすべてが属している」という意識が存在すれば、宗教間対話はやりやすくなり、建設的な議論がなされる機会も増えるに違いない。この点について、宗教間対話と公共哲学の繋がりを考えてみよう。

現在、宗教間対話はターニングポイントにさしかかっている感がある。従来の宗教間対話は、小田も指摘していたように、「洗練された教義が中心」という色彩が強かった。しかし最近では、宗教的真理について対話することよりも、社会行動ないし実践活動に重きがおかれているようになってきている。山梨有希子も、次のように述べている。

近年の宗教間対話は、互いの教理上の対立を問題にしていた対話から、「グローバリティ」の意識に基づいた社会にむけてどういった行動がとられるべきか、また、それにむけてどう協力していくべきかを話し合うものにシフトしつつある。つまり、いかにして「地球・人類の平和に宗教が貢献できるか」がテーマとなっているのだ。これは、「グローバリゼーション」がもたらした宗教間対話における変化の一側面といえるだろう。[11]

グローバリゼーションといえば、『グローバリゼーションの時代』(原著出版一九九六年)の著者であるサスキア・サッセンは、「グローバリティの意識」について語っている。これは、たとえば戦争に反対し平和を希求する世界的な動きに見られるが、そこには「グローバルな共同体の存在を信じたい」という意思も含まれる。そして、「世界に平和をもたらしたい」という世界中の人びとの願いは、「自分がおこなっている反戦運動を誰かもどこかでやっている」という意識と結びついている。たとえば、二〇〇三年四月に始まったアメリカ主導のイラク攻撃に対して、それが開始される以前から反戦運動が世界的な広がりを見せた。一例をあげれば、攻撃開始に先立って、アメリカのイラク攻撃に反対する世界の人びとは、インターネットを通じて、六〇〇を超える世界の都市で、二〇〇三年二月一五日に(時差のために同時ではないとしても)、デモをくり広げた。その参加者は一〇〇〇万人に達したともいわれる。こうしたところに、「グローバリティの意識」が見られるのである。[12]

このように、グローバリゼーションを経済現象・政治現象・文化現象などとして捉えるのではなく、「意識」のレベルで捉えることは、本書にとっても非常に重要である。なぜならば、これが新しいタイプの宗教間対話を支える柱の一つになるからだ。そして、サッセンのいうこの「グローバリティの意識」が、公共世界の構築や公共哲学の実践とふかい繋がりをもつことは、容易に理解されよう。

「グローバリティの意識」とはいっても、私見では、これは、たとえばギリシア時代のストア派に見られる「コスモポリタニズム」とか、カントの「世界市民的自己」と通じるものである。わが国の公共哲学をリードする山脇直司によれば、二一世紀の公共哲学は一八世紀末に唱えられたカントの「世界市民的自己」という理念に立ち返るところから出発しなければならない。カントにとって「近代的自己」となることは第一義的に世界市民的な意識をもつことであった。そして、それは、世界政府なるものを想定せずに、永久平和をめざす諸国家連合の一員というレベルで、各自が充分もちうるものであった。[13]

このような思想の伝統は、西洋では「コスモポリタニズム」(世界同胞主義)と呼ばれる伝統である。山脇も主張しているように、二一世紀の公共哲学の基礎となる自己論には、まず「コスモポリタン的自己」という観点が何よりも不可欠なことを、強調しなければならない。「コスモポリタン的自己」は「地球市民的自己」とも言いかえられようが、これは「地球レベルでの公共性」を念頭に置き、「他者と協力」して、世界平和の実現・環境汚染・地球温暖化などのグローバルな諸問題と真剣に取り組んでいく自己である。[14] そして、グローバリゼーションが進展する現代において、そうした自己は、ギリシア時代やカントの時代のものよりもはるかに包括的な視野をもつものでなければならないだろう。

しかしながら、宗教というものは、その真理や真理主張(truth claim)を育んできた共同体と切っても切り離せない関係にある。ゆえに、たんにグローバルな意識を求めるだけで済まされるわけではない。そこでまず、諸宗教は相互に独自性・異質性を積極的に認めあうべきである。このように、諸宗教の独自性・異質性を異なる宗教の信者たちが相互に評価しあうことは、多文化主義やローカリティ(局所性・現場性)を肯定する「グローカル〈=グローバル+ローカル〉な」公共哲学から見ても当然のことになる。

このことに関連して、ふたたび山脇の言葉を引用すれば、「〈文化の多様性〉を相互に了解(承認)し合う二一世紀型のグローカル公共哲学は、〈コスモポリタン的自己〉によって、自己の他の次元を包摂してしまうような普遍主義を採ることはできない」[15]。なぜなら、そうした普遍主義は、宗教の異質性・文化の差異性・歴史の独自性・公共空間の多様性の認識に対して、無頓着ないし無関心となりがちだからである。さらにいえば、世界の人びとが普遍的な一つの共通宗教を信じる必要は全くないし、それどころか、そうすべきではないのだ。公共哲学は「公共性の担い手がそれぞれ自己の置かれた状況のローカリティをよく踏まえつつ、グローバルなレベルで文化の多様性を相互に承認(了解)し合いつつ、普遍的認識や合意にも達していく」[16]ようなものでなければならない。

ここに、公共哲学と宗教間対話が有意義な関係を結ぶことが可能となる。個々の宗教の独自性を保持させながら、なおかつ、その独自性が閉鎖的なものにならず、世界的な人類共同体を志向するための理論を創出できると、理想的だ。

伝統の重さ

これまで、本書で構想している宗教間対話のイメージを語ってきた。しかし、宗教間対話はさまざまな問題もふくんでいる。だからこそ、必要性が認められながら、なかなか進展しないのである。以下では、宗教間対話をおこなうときに生じる障害の一つである相互理解の難しさについて、「女性の人権尊重／フェミニズム」を具体例にとりあげながら、考えてみよう。

宗教史(さらには人類史)をふりかえってみると、現実として、女性は男性よりも地位が低いとされる場合が多い。フェミニスト神学者であるローズマリー・リューサーの次のような文章を読めば、男性はいかに女性を従属的な地位においてきたかが彷彿とすると同時に、女性の人権尊重がいかに切迫した問題であるかがわかる。

いったいどこで、女性の苦難が神の啓示の場として真剣に取り上げられるのだろうか。…女性——使いふるされた妻、子供〔少女〕虐待の犠牲者、強姦の犠牲者、家父長によって侮辱され沈黙させられた者、纏足、クリトリス割礼、何千という別の手段による性的対象化と非人間化によって拷問をくわえられた者としての女性。こうした女性が、神的なものがそこに降ってこれらの苦しみに癒しの力として臨在し、新しい生命をもたらす場所と考えられることがあるのだろうか。[17]

リューサーは、古代の部族宗教をふくめたほとんどすべての宗教の歴史を、女性を周辺においやってきた男性支配の文化の表現として見なおす。宗教とフェミニズムの結びつき方にはいろいろとあるが、リューサーは、歴史的宗教の変革にたずさわる「歴史的宗教の文脈でのフェミニズム」と、女性の霊性にとっての新しいヴィジョンを今日に甦らせようとする「自然再生的宗教の文脈でのフェミニズム」を重視する。そして、これら二つの異なるフェミニズムは最終的に「神的なものの臨在」という究極的な状態によって結び付けられる、と主張している。

現代において、女性の人権尊重や地位向上などを強調することは、歴史の流れのなかで起こるべくして起こったものであろう。しかしながら、こうしたリューサーのフェミニズム神学に批判的な神学者もいる。

ジョン・ミルバンクという神学者は、「フェミニズムや人権尊重などの課題をかかげて協力することは、宗教間対話の目的を助けることにはならない」[18]と強調している。むしろ反対に、そうした協力は「これらの課題の性格を曖昧にしてしまう」という。ミルバンクは宗教を、実践においても信仰内容においても「世界を絶えず読み解く努力の表現」〔傍点原著者〕としてとらえている。宗教言語が信者のリアリティ形成に大きな影響を与えるとみなしている筆者も、大筋においてミルバンクの宗教理解に同意する。このように、宗教が世界の読み取り作業であるとすれば、「その読み取り方は宗教によって異なる」と考えるのが筋であろう。だとすれば、当然、「女性」や「人権」の捉えかたも宗教によって異なってくることになる。

イスラムの信者は「イスラムは女性を大切にする宗教だ」というかもしれない。実際に、女性と男性の権利・地位を同等だとする信者もいるに違いない。しかし、ミルバンクは「イスラムは、伝統的な聖法〔シャリーア〕理解を根本的に変革し、社会的存在としてのイスラムの従来の性格をまったく変えてしまわないかぎり、女性の扱いについて、西洋近代一般の要求水準にたっすることはできないであろうし、ましてや、フェミニズムの要求など、及びもつかない埒外であろう」[19]と論じる。

ここで、イスラムの女性観と欧米や日本の女性観とがかなり異なることを象徴する、三つの事例を、新聞報道から紹介しよう。[20]

一般にイスラムでは、女性が多くの人びとの面前でおおきく肌を露出することは許されていない。これに関連して、①二〇〇二年にナイジェリアでは、「ミス・ワールド世界大会」に反対するイスラム教徒約五〇〇〇人が、キリスト教の教会や商店を襲撃して、五〇人以上が死亡し、約三〇〇人が負傷した。また、②二〇〇三年の「ミス・アース」コンテストにアフガニスタン出身の二五歳の女性が出場したとき、赤いビキニ姿の映像・写真が世界中に配信された。これに対して、アフガン国内では、「わが国の伝統やイスラムの教えに反する」と批判が噴出した。さらに、③配偶者以外の男性と通じてはいけないことは、多くの宗教でもいわれているが、次のようなことも、二〇〇二年のナイジェリアでおこった。同国北部で導入がすすむイスラム法により、婚外子を出産した女性に姦通罪で石打ちの死刑判決が出された(ただし未執行)のである。

こうした具体的な例をみれば、「女性」と一口にいっても、宗教や文化によってその捉え方がかなり違うことがわかる。そうだとすれば、女性の人権尊重をめぐって、諸宗教の信者たちが話し合っても、なかなか相互理解は難しいであろう。信者たちは自分たちの宗教の枠組み内部において、女性の人権尊重については考えることができる。けれども、それらの宗教という脈絡をはずして、どの宗教とも関係ない、いわば無色透明な「世界標準」の女性の人権尊重をもとめて話し合っても、なかなか合意に到達しないのではないか。ミルバンクの最後の言葉もじゅうぶんに根拠があるのだ。[21]

ここでは、女性の人権尊重・地位向上・フェミニズムの例をとりあげたが、宗教が信者たちに世界観やものの見方・考え方をあたえるものであり、諸宗教の信者たちは自分たちの宗教によって世界を読み取っているのであるならば、宗教間対話における深いレベルでの相互理解や合意形成はそう簡単にはいかないことが予想される。そうした宗教伝統の根強さを深く認識するべきであろう。浅薄な相互理解・相互肯定は、実は、深いレベルでおこなわれるべき宗教間対話の障害となる。自分たちの宗教の相違が根本的なものであることを自覚しながらも対話していく、という姿勢が大切にされるべきなのだ(第6章参照)。

❖1 斎藤謙次「平和を求める宗教間対話の実践と課題」(星川啓慈ほか『現代世界と宗教の課題――宗教間対話と公共哲学』蒼天社出版、二〇〇五年)七一―七五頁、参照。
❖2 南山大学監修『公会議公文書全集Ⅶ』中央出版社、一九六七年、一一三頁。
❖3 寺尾寿芳「文化と霊性」(日本宗教学会編『宗教研究』第三二六号、二〇〇〇年)。
❖4 ヤン・スィンゲドー「グローバル時代における宗教間対話の行方」(南山宗教文化研究所編『宗教と宗教の〈あいだ〉』風媒社、二〇〇〇年)。

❖5　山梨有希子「転機にある宗教間対話」(前掲『現代世界と宗教の課題』)四八―五一頁、参照。

❖6　同論文、四六―四八頁、参照。

❖7　国際宗教学宗教史会議第一九回世界大会で配布されたパンフレット『宗教――相克と平和』五頁。

❖8　小田淑子「寛容の成熟」(岩波講座「宗教」第一〇巻『宗教のゆくえ』岩波書店、二〇〇四年)一三三頁。

❖9　塩尻和子「イスラームをめぐる宗教間対話」(星川啓慈・山梨有希子編『グローバル時代の宗教間対話』大正大学出版会、二〇〇四年)九〇―九一頁、参照。

❖10　この見解に対して、次のような疑問がよせられた――「〈宗教間対話に無宗教者を参加させるべきではない〉との見解は問題である。公共哲学を導入する限り、無宗教者も参加できる公共性が問われるのではないか」。この疑問については、次の二点を述べておく。①くり返しになるが、それでは、本書で想定している宗教間対話にはならない。②テーマにもよるが、宗教を信じていなくても宗教に好意的で宗教間対話に貢献できる参加者もいるだろう(第1章で紹介した「現代においては宗教を信じていなくとも宗教について活発に語ることが可能となった」という状況の一つの現われ)。けれども反対に、宗教に敵対的な態度をとる参加者も想定される。後者の場合には、有意義で生産的な対話が成立しない可能性が高い。本書では、無宗教者を交えた対話は、筆者が構想している宗教間対話とは区別しておきたい。

❖11 山梨有希子「グローバリゼーションと宗教」(前掲『グローバル時代の宗教間対話』)一一二頁。
❖12 同論文では、サッセンの「グローバリティの意識」についても言及されている。
❖13 山脇直司『公共哲学とは何か』ちくま新書、二〇〇四年、二一四頁、参照。
❖14 山脇直司「グローカル公共哲学の構想」(佐々木毅・金泰昌編『21世紀公共哲学の地平』東京大学出版会、二〇〇二年)一二一—一二三頁、参照。
❖15 同論文、一二三頁。
❖16 同論文、一一一頁。
❖17 ローズマリー・リューサー「フェミニズムとユダヤ教-キリスト教の対話——宗教的真理の探求における特殊主義と普遍主義」(ジョン・ヒック／ポール・ニッター編(八木誠一・樋口恵訳)『キリスト教の絶対性を超えて——宗教的多元主義の神学』春秋社、一九九三年)二八八頁。
❖18 ジョン・ミルバンク「対話の終わり」(ゲイヴィン・デコスタ編(森本あんり訳)『キリスト教は他宗教をどう考えるか——ポスト多元主義の宗教と神学』教文館、一九九七年)二六三頁。
❖19 同論文、二六一頁。
❖20 ①③は二〇〇二年一一月二三日付の毎日新聞の記事。②は二〇〇三年一〇月二八日付の毎日新聞の記事。
❖21 ミルバンクの議論からの流れでイスラムの女性の例をあげたが、これらには何らの意図もない。また、ここでの議論にたいしては、さまざまな批判がでるだろう。つまり、①欧米の基準にあわないことでイスラムの女性のあり方が問題にされている、②欧米の女性観や新聞記事の例も男性の視点からのものである、③イスラムの女性は欧米の女性からも蔑視されるおそれがある、④欧米の女性観とイスラムの女性観を比較すること自体がおかしい、などといった批判が予想できる。だが、筆者の論点はあくまでも「いかなる概念であってもおのおのの宗教伝統と不可分にむすびついている」ということの指摘である。

第3章

宗教の非寛容さと排他性の必然性

1 「寛容」がはらむ難問

ノアの方舟

本章は、読者もご存知の「ノアの方舟」の話からはじめよう。本により少しずつ内容が違うだろうが、世界中の子どもたちに読み継がれている話である。ところが、一説では、この話は、キリスト教の排他的傾向との関連で紹介した、キプリアヌスの「教会の外に救いなし」という主張に通ずる内容だともいわれる。つまり、方舟がキリスト教で、方舟に乗った人びとがキリスト教徒で、方舟に乗ら(れ)なかった人びとが非キリスト教徒だということだ。方舟に乗らなかった人びとは、洪水で死んでしまった。キリスト教徒でない人びとは、死んでしまったのである。

この解釈が事実無根と思われるならば、新約聖書にある「ペトロの第一の手紙」(三・二〇)を開いていただきたい。そこでは、こう書かれている。

これらの〔獄にある〕霊は、昔ノアの時代に方舟の備えられるあいだ、寛容をもって神が待ちたまえるとき、従わざりし者どもなり。その方舟に入り、洪水をへて救われし者は、わずかにしてただ八人なりき。

キリスト教の神に従ったおかげで助かった者は八人で、従わなかった多数の者の霊は獄にある、というのである。

ノアの方舟の話をどういうふうに解釈するかは読み手にかかっているが、宗教における非寛容や排他性の脈絡においてみると、この話はそれらを象徴しているようにも見えてくるから不思議だ。

寛容について

本書でいう「寛容」とは、**自分が信じている宗教とは異なる他宗教の信者たちの異質性をそのまま受け入れながら**、**他宗教の信者たちを同じ社会や世界に生きる仲間とみなす**態度のことである。

だが、人間の多くは自己中心的であり、他者に対して心底から寛容になるのはなかなか難しい。それは、われわれの日常生活をみてもわかる。とりわけ、信者にアイデンティティや世界観をもたらし、ものの見方や考え方におおきな影響をあたえる宗教の場合、他宗教に対して寛容になるというのは、いっそう難しいことはいうまでもない。

また、ある宗教が長い年月にわたって生き延びる要因にはさまざまなものがあげられるが、その一つに、自分の宗教にたいする絶対的信頼が信者の心の奥に存在していることをあげることができよう。だが、これは、排他性／排他主義に結びつく危険をはらんでいる。その一方で、視点を変えると、「宗教の非寛容さや排他性はその宗教が生きるためのエネルギーを提供している」とも考えられる。

「寛容」の理解の難しさ

小田淑子も語っているように、「他宗教との関係や寛容について基本教義で触れている宗教は少ない」(イスラム教は、先行するユダヤ教とキリスト教との関係や、それらに対する態度に言及している例外的な宗教である)。[1] その理由を推測するに、諸宗教にはそうする必要がなかったのかもしれないし、他宗教のことはあまり重視しないという宗教の従来の性格が反映されているのかもしれない。また仮に、基本教理(教義)において、他宗教にたいして寛容な態度／非寛容な態度をとるべきことが説かれていても、必ずしも実態がそうであるとは限らない。おかれた状況に応じて、宗教は寛容になったり非寛容になったりするのである。それゆえ、「キリスト教は寛容な宗教か否か」「仏教は他宗教にたいして寛容か否か」などと、ある宗教が一貫して寛容か非寛容かと問うことは無意味である。

さらに、ある宗教が他宗教にたいして寛容であるか否かは、それを解釈する者の解釈枠に依存している。状況の変化に応じて一つの宗教が寛容になったり非寛容になったりするのと並行して、解釈者によって判断が異なるのである。それゆえ、この場合にも、ある宗教が一貫して「寛容か非寛容か」と問うことは無意味である。そうした判断の対象となっている宗教の信者たちは、自分たちの宗教が寛容であるか否かについて、一つの判断——多くの場合には、自分たちは他宗教の信者にたいして寛容だという判断——をもっているだろう。だが、外部から判断をくだす者(一般の人にせよ、研究者にせよ、他宗教の信者にせよ)は、それとは別の判断基準をもっている可能性が高い。それゆえ、寛容をめぐって、ある宗教の内部にいる者と外部にいる者の判断が相違することには、なんらの不思議もない。

右に見たように、まず、①ある宗教が一貫して寛容か否かを問うことはできないこと、および、②ある宗教が他宗教にたいして寛容か否かを客観的に評価することはできないことを、指摘しておきたい。以下では宗教の寛容／非寛容について論じるが、当然そこでなされる種々の判断にも厳密な客観性は保証できないことを、念頭においてほしい。すなわち、以下において、筆者が「ある宗教やその宗教の信者が、ある状況において寛容／非寛容だ」と判断したとしても、それは完全な客観性をもちうるわけではないのだ。当事者からは反論もあろう。それは致し方ない。だが、判断の客観性を保証できないとしても、それでもなお、議論を展開するためにはなんらかの判断が必要である。

宗教の非寛容さ

おのおのの宗教において、傑出した宗教者たちのすべてが他宗教に対して寛容であったわけではない。むしろその反対であることも多い。キリスト教の伝統でいえば、アウグスティヌスやルターたちが生涯を通じて他宗教に寛容であったとか好意的であったとは、とても思えない。

キリスト教信者の読者は反論するかもしれないけれども、西洋における寛容思想の系譜をたどったヘンリー・カメンは、次のような指摘をしている。教父として名高いアウグスティヌスは、苛酷な拷問や死刑に断固として反対しながらも、究極的には排他的な真理を主張し、異端者や不信仰者に対しては、かなり厳しい態度をとった。たとえば、彼は「正しい迫害があり、これはキリストの教会が神なき輩に対して用いるものである。教会は愛の心から迫害する」と述べているのだ。[2] また、比較宗教学の泰斗であるグスタフ・メンシングによれば、宗教改革をおこなったルター[3]は、ユダヤ人とその公共的宗教施設に寛容な態度をとらなかった。ルターいわく、「ユダヤ人のシナゴーグ〔ユダヤ教の教会〕あるいは学校に火をつけ、燃え尽きようとしないものに土を盛れ。このことを、人は我らが主と全キリスト者の名誉のためになせ」[4]。読者によっては、にわかには信じがたいかもしれない。また、こうした言葉だけを取り上げることには問題がある、という指摘もあるに違いない。しかし、カメンやメンシングが主張したことが事実であるとすれば、名高いキリスト者たちにも暴力を肯定する面があったことは否定できないことになる。

ところで、今日では「寛容」は多様な意味で解されよう。また、世界の各地、各文化・文明、各宗教において「寛容」に対応する種々の概念が存在するかもしれない。しかしながら、現在、宗教や宗教学とのからみで議論されている寛容概念の成立をたどってみると、これが西洋生まれのものであることがわかる。西洋においては、基本的に、人間の外面にあるその時々の「権力機構」と人間の「内面的な信仰」との対立が、寛容をめぐる議論の中心をなしてきた。そして、寛容は、治安・信仰の自由・政教分離・経済的繁栄・民族の歴史など、じつに多くの事柄とかかわっている。

こうした事情にも精通したメンシングは、『宗教における寛容と真理』(原著出版一九五五年)という名著を著わした。そして、この著書において「キリスト教の絶対性の主張は、宗教学的認識にもとづけば、超克されねばならないものである」と主張し、寛容論を展開したのである。その著作はいまだに脈々と生命を保っているが、以下ではこの著作によりながら[5]、理論的に寛容を分類し、その分類の組み合わせによって宗教を見直してみよう。結論を先取りしていえば、宗教は事実としてひじょうに非寛容な側面を多分にもっている、ということになる。

メンシングによれば、寛容には「形式的な態度」と「内容的な態度」という二つの態度がある。「形式的寛容」とは、統治者が自分が信じている宗教以外の宗教をそのまま放置することである。これは、寛容の対象となる側からいえば、「信仰の自由」である。つまり、制限はあるかもしれないが、原則的にいかなる宗教を信じてもいいのだ。この形式的寛容に対応する否定的立場は「形式的非寛容」である。これは、統治者の信じる宗教以外の宗教を放置せず、国家もしくは教会の聖なる制度に、他宗教の信者たちを強いて屈従せしめるものである。なぜならば、正統からはずれた信仰や祭祀形式によって、国家や教会の形式的統一が破壊される恐れがあるからだ。

右の「形式的な態度」とならんで「内容的な態度」が存在する。この意味における寛容は、たんに他の宗教を放置することにとどまらず、それをこえて、他の宗教を、聖なるものとの出会いの真正な宗教的可能性をもつものとして、積極的に承認することを意味する。けれども、「内容的寛容」は、あくまでも自己の宗教的信念の放棄を意味しはしない。内容的寛容に対峙する立場は「内容的非寛容」である。これにより、統治者は自分が真理と考えたもののために闘う。他の宗教の内容は真でないもの／邪道に陥ったものと見えるので、ここから他宗教の拒否が、さらには闘争と迫害が生ずることになる。

要約すると、寛容には「形式的」なものと「内容的」なものとがあり、それぞれに寛容と非寛容がある、ということになる。これらの組み合わせは理論的には四通りであるが、世界の諸宗教を見渡したうえで、メンシングは宗教史のなかで遭遇する本質的な組み合わせは、次の三つだという。①内容的に非寛容かつ形式的にも非寛容、②内容的には非寛容だが形式的には寛容、③内容的には寛容だが形式的には非寛容。言いかえれば、宗教史において「内容的に寛容かつ形式的にも寛容」という宗教のあり方はほとんど存在しなかった、というのだ。これは非常に重要な指摘であり、宗教はかなり非寛容な性格のものであることを意味する。

さらに、寛容には「対内的寛容／非寛容」と「対外的寛容／非寛容」の二種類がある。後者は他宗教にかかわる事柄だが、前者は同一宗教内部における寛容／非寛容にかかわる事柄である。諸宗教が他宗教に対して非寛容な態度をとることがある(対外的非寛容)のと同じく、一つの宗教が複数の宗派に分かれていって、それらがたがいに反目する関係におちいることもある(対内的非寛容)。たとえば、キリスト教におけるカトリックとプロテスタントとの相克、イスラムにおけるシーア派とスンニ派の相克などが思い浮かぶだろう。これとは対照的に、対内的寛容とは、ある宗教が自宗教内部の意見の相違(たとえばセクト的な教理)を形式的に黙認すること、あるいは積極的に承認することを意味する。ある宗教の公式的教理や信仰からの逸脱にたいする、形式的および内容的な対内的非寛容は、歴史においては迫害・異端審問・宗教裁判などとして現われている。ここで確認しておきたいのは、宗教は、他宗教に対してのみならず、自宗教内部の宗派同士・教派同士のあいだでも寛容になれないことが少なくない、ということである。

以上のように、メンシングは寛容を分類するにあたり、「形式的／内容的」および「対内的／対外的」というカテゴリーを設定し、それぞれに「寛容／非寛容」という区別をほどこす。ゆえに、彼の寛容をめぐる分類は、理論上、一六通りになる。

さきに、メンシングが見るところ、宗教史において「内容的に寛容かつ形式的にも寛容」という宗教のあり方はほとんど存在しなかった、と述べた。これに「対内的／対外的」というカテゴリーを加えてみれば、彼が明言している訳ではないとしても、「内容的に寛容かつ形式的にも寛容であり、さらに、対内的に寛容かつ対外的にも寛容である」という宗教は、宗教史上、まったく存在しないのではないか。

現在、宗教間対話において「寛容」の重要さがとみに説かれているが、メンシングが観察するように、また、実際問題として多くの人びとが感じているように、諸宗教の信者は他宗教や他宗派にたいしてなかなか寛容になれないのである。たしかに、メンシングは主として統治する側の宗教と統治される側の宗教とのかかわりを論じているとしても、当然のことながら、彼の見解は世界の諸宗教についての知識のうえに成立しているものであり、宗教間／宗派間の関係にも適用できるものである。

後に考察するように、筆者は宗教がもつ非寛容さをたんに「修正すべき悪いこと」として捉えているわけでは決してない。むしろ、「いい意味での非寛容＝排他性＝専心性は宗教の存続に必要なものだ」とすら考えている。つまり、「宗教が存在しつづけることのできるエネルギーのかなりの部分はここから来る」と感じているのだ。この点については、第二節で詳しく論じたい。

寛容さの背後に見られる優越感

つぎに、寛容は一筋縄ではいかない概念であることを指摘したい。すなわち、他宗教にたいして「寛容である」ことの背後には、「自分が信じている宗教の方が他宗教よりも優れている」という優越感が隠されてはいないだろうか、ということである。

第二バチカン公会議(第2章参照)全体の方向付けをおこなった、カトリックの指導的神学者であるカール・ラーナーの「無名のキリスト者」(anonymous Christian)という概念を例にとって、そのことについて述べよう。「無名のキリスト者」というのは、キリスト教を知らなくとも、キリストに対する信仰告白をしていなくとも、あるいはキリストを否定していても、キリストによる神の恵みに与っている人のことである。

ラーナーの「無名のキリスト者」は、やや理解しづらい部分もあるが、以下の四つの命題から導かれる。[6]

第一命題　キリスト教は、みずからをすべての人間のために定められた絶対的宗教として理解し、いかなる他の宗教も自分と同等の権利をもってならぶことは承認できない。

第二命題　福音が現実にある特定の人間の歴史的状況に入ってくるその瞬間にいたるまで、非キリスト教的宗教（モーセ宗教以外のもの）は、原罪とその結果および人間の堕落とまじりながらも、自然的神認識の諸要素をふくんでいるのみならず、キリストのゆえに神から人間におくられている恩寵による超自然的な諸契機をもふくんでいる。したがって、非キリスト教的宗教は、そのなかにある誤りや堕落は否定されえないけれども、そして異なる諸段階があるにしても、正当な宗教として承認されうる。

第三命題　〔第二命題が正しいとするならば、〕キリスト教は、キリスト教以外の諸宗教の人びとに、すなわち、ただたんなる非キリスト者としてではなくどう考えてもすでにまったくの無名のキリスト者として見なされうるしまた見なされなければならない人びとに、向き合っているのである。

第四命題　〔将来も宗教の多元的状況がつづき、しかも諸宗教を無名のキリスト教とみなすべきだとすると、〕教会は現代において、みずからを、救いの享有権所有者たちの排他的共同体とみなすのではなく、歴史的に把握しうる前衛、また「見ゆる教会の外にも隠された現実性として与えられている」とキリスト者が望んでいることとの歴史的かつ社会的な表現だとみなすようになるだろう。

第二命題で言われているように、キリスト教以外の諸宗教に誤りや堕落が見られるとしても、それらは神の恩寵による超自然的な諸契機もふくんでいるがゆえに、そうした宗教も正当である。だから、第三命題で明言されているように、キリスト教の信者ではない他宗教の信者でも「無名のキリスト者」と呼べるのである。さらに、第四命題で述べられているように、キリスト教における「救い」は排他的であるべきではない。一言でいえば、キリスト教以外の宗教の信者であっても、最終的にキリスト教によって救われる、というのだ。

こうしたラーナーの神学理論が背後にあり、宗教間対話を推進することになった第二バチカン公会議以降、カトリック教会はそれまでの閉鎖的態度を捨て、キリスト教以外の宗教に対して開放的で積極的な態度をとるようになった。当時、「カトリックは他宗教に対して何と開放的で寛容になったものか」と驚く人びとも多かったに違いない(もちろん、現実には、カトリック教会が全面的にそうなったわけではないのだが)。[※7]

けれども、第一命題には「いかなる他の宗教もキリスト教と同等の権利をもってならぶことは承認できない」と断言されている。そして、ラーナーによれば、この第一命題が、キリスト教信仰から他の宗教を神学的に理解するときの「根本命題」だとされる。つまり、キリスト教の唯一絶対性は死守されるのだ。

右に見たようなラーナーの神学理論は、キリスト教以外の宗教に開かれた態度をとりながらも、なおかつキリスト教の唯一性・至高性を保持するもので、多くのキリスト教神学者から支持された。もちろん、その一方では、激しい批判にもさらされた。筆者は三〇〇〇を上回るという彼の著作・論文のほとんどを知らないから、彼を批判する資格はないかもしれない。さらに、キリスト教神学という観点からは、ラーナーの考え方にはいかにも広くて深いものを感じ取ることができる。

しかしながら、「無名のキリスト者」論において彼が他宗教にたいして一見寛容であることの背後には、「自分が信じているキリスト教は唯一絶対の宗教である。他宗教よりも勝れている」という優越感が存在しているのは自明である。当然、ラーナーは、非キリスト者を「無名のキリスト者」とみなす見解が「思い上がり」であるという批判に対して、答えている――「キリスト者はこの〈思い上がり〉を放棄することはできない。なぜなら、それは、実際にはキリスト者と教会の両方にとって最大の謙遜な態度だからである。なんとなれば、それは、神は人間よりも教会よりもはるかに大いなるものとするものだからである」。

けれども、神学者としてのラーナーがいかに広くて深い思索を展開したとしても、その神学がキリスト教の唯一絶対性を放棄しないかぎり、筆者としては、彼が「最大の謙遜の態度」と呼ぶものもやはり「思い上がり」の一つの現われと見なさざるを得ない。ラーナーのような考え方——自分の宗教の内部に他宗教を取り込んでしまおうという考え方——は「包括主義」と呼ばれることがあるが、これは穏やかなかたちの排他主義である。そして、この包括主義はキリスト教以外の多くの宗教にも見られる傾向の一つである。

以上、本節では、①宗教には非寛容な側面が濃厚であること、②他宗教にたいして寛容であることの背後には「自分が信じている宗教の方が他宗教よりも勝れている」という優越感が隠されている場合があることを、押さえておきたい。

つぎには、宗教の非寛容とふかい関係をもっている、宗教の「排他性」について考察を加えよう。

2　「排他性」の必然性とその擁護

宗教における寛容／非寛容、排他性／非排他性などをめぐる問題が、これまで頻繁に論じられてきた。今日では、寛容の大切さを説く立場、排他主義を批判する立場が、一般的なものになりつつある。たとえば、公共哲学・宗教多元主義などを支持する人びとや宗教のリベラルな信者たちに、そうした主張が見られる（もちろん、こうした趨勢とは反対に、自分の宗教のなかに自己閉塞的に閉じこもろうとする宗教者や宗教集団も存在する）。しかしながら、ここで翻って、「宗教的な排他主義は本当に非難・放擲されるべきなのか」と問うてみたい。なぜならば、「宗教の排他性は、人間のアイデンティティや根源的世界観の構成に関与する宗教の自然なあり方である」ともいえるからだ。

排他主義の擁護

現代の論理学界をリードし、みずからが熱烈なカルヴァン派のキリスト教信者であるアルヴィン・プランティンガという宗教哲学者がいる。日本ではほとんど知られていないが、現代においてもっとも重要な仕事をしている宗教哲学者の一人である。

プランティンガは、最新の論理学の知識を駆使して、キリスト教を信じることは「合理的」な行為であることを論証しようとしている。「宗教を信じることは心や感情にかかわる事柄であり、理性や合理性にかかわることではない」と思っている読者には、驚きであろう。

さらに、プランティンガは「排他主義」に対する不当な非難を批判している。彼に言わせれば、「排他主義」は、ある宗教にコミットしていこうとする人間の真摯な探求の結果として生ずる不可避な一つの態度である。これを不当に非難する者たちは間違っているのだ。

やや難解かもしれないが、以下ではそのプランティンガの「排他主義擁護」の議論をまとめてみよう。[8]

プランティンガは「排他主義者」を定義して、次の二点を満たす立場だとする。

①排他主義者は「〔自分が信じている〕一つの宗教の諸教義ないしいくつかの教義が事実として真理である」と信ずる。〔傍点原著者〕

②排他主義者は「自分の信ずる教義と両立不可能な命題（それには他宗教の信念・信条もふくまれる）はいかなるものであれ偽である」と信ずる。

①については、問題がなかろう。②については、どうであろうか。一見リベラルで寛容な多くの宗教の信者は、自分の信ずる教理体系とは両立不可能な命題を「偽である」とまでは断言しないかもしれない。不可知論的に「わからない」と答えることが多い、とも推測できる。だが、信者たちは自分の信じている教理体系と両立しない命題を肯定することは決してない、と思われる。なぜならば、信者たちが信じている宗教は信者たちの世界観やアイデンティティと不可分の関係にあるうえに、人間は矛盾や不整合を嫌うからだ。だとすれば、そうした信者は、「穏やかなかたちの排他主義者」だと言えないこともない。しかし、そうした対応はごく普通のことであり、批判されるべきではないだろう。むしろ、節操なく、自分

の宗教の教理にみられる命題と矛盾する命題を認めることこそが、批判されるべきではないか。

さらに、プランティンガは、排他主義者は次の三つの条件（以下「三条件」と表記）をも満たすとする。この「三条件」の三つめがとくに重要である。

①排他主義者は、他宗教について充分な知識を有していること。

②排他主義者は、「他宗教のなかにも、少なくとも真正の敬虔さや信心深さのように見えるものが多分にある」と認識していること。

③排他主義者は、自分自身の宗教的忠誠を否定する、真面目で知的な者たちのすべてないしほとんどに対して、「自分の宗教的忠誠を必然的に確信させる議論を誰も知らない」と信じていること。

「三条件」の①についていえば、ある人が、閉鎖的な社会・文化環境で育ち他宗教についての充分な情報を与えられない場合に、一つの宗教だけにコミットするようになることはごく自然の成り行きである。倫理学者の梅津光弘が言うように、「そのような人に対して、倫理的責任を問うというのは公平ではない」[9]と考えられる。だから、プランティンガは①を排他主義者の条件に組み入れたのである。もちろん、ある宗教にコミットするようになってから世界の諸宗教について学んだ後でも、「やはり自分の宗教が最良だ」と感じることも多いであろう。そうした場合には、諸宗教を学びはじめる以前に、すでに自分の宗教にたいする肯定的態度が醸成されているのである。

このような事情であれば、ある人がおかれた閉鎖的な環境で一つの宗教だけにコミットするようになったことは、まったく非難されるべき事柄ではない。それはごく自然なことであろう。こうした場合に、「排他主義者」というレッテルを信者にはりつけるのは、不当である。

「判断差し控え」という態度

さらに、プランティンガは次のようなケースを想定する。二人の排他主義者(AとB)が存在し、それぞれの信奉する教理(Pと-P)が衝突した、という状況である。

Aは、「Pは真である」と信じ、かつ「-Pは偽である」と信じている。

Bは、「-Pは真である」と信じ、かつ「Pは偽である」と信じている。

人間は矛盾や不整合を嫌う動物であるから、当然のこととして、二人は互いに相手を排する立場にある。さきに、自分の信ずる教理体系とは両立不可能な命題を「偽である」とまでは断言せず、不可知論的に「わからない」と答える可能性を示唆しておいた。プランティンガは「AとBが、ともに、Pと-Pについて判断を差し控える」という場合をあげ、次のような方針(以下「方針」と表記)を想定する――「(排他主義者の)三条件のもとでは、正しい方針は、自分を不快にさせる命題を信じることを差し控えることであり、かつ、その命題の否定(自分が信じている命題)を信じることも差し控えることである」(傍点原著者)。これはどういうことかと言えば、対立を避けるために、相手が信じている命題と自分が信じている命題とのいずれを信じるべきかをめぐる判断を保留する／いずれの命題も信じない、ということである。

問題は、この「判断差し控え」という態度が正当化されるか否かである。結論からいえば、否である。なぜならば、論証はぶくが、右の「方針」は容認できない次のような主張(以下「主張」と表記)をしていることになるからだ。

もし、ある人が「他者がPを信じていない」ことを知っており、かつ「自分は、Pについて、三条件のもとにある」ことを知っているとすれば、ある人はPを信じることを差し控えるべきである。

この「主張」は、一言でいえば、「〈三条件〉のもとでは、自分は信じている命題であっても、他人が信じていなければ、その命題を信じることは差し控えるべきである」といっているのである。もっとひらたくいえば、「自分が信じていることを他の人が信じていないのなら、それを信じてはいけない」というのだ。

右の「方針」を肯定する者は、多くの人びとがこんな主張を容認しない、ことを知っているだろう。また、そうした多くの人びとに、その「主張」の正しさを確信させる議論を見出す可能性はない、ことも知っているだろう。それゆえ、「方針」の肯定者は、自分が「三条件」(とりわけ③)のもとにあることを知っていることになる。そして、もし右の「主張」を受け入れるとすると、その「主張」を差し控えなければならない。というのは、その「主張」を支持するとすると、その内容が自分に跳ね返ってくるからである。すなわち、その「主張」を受け入れない人びとがいるかぎり、誰もがその「主張」を受け入れることはできなくなるのだ。

そうすると、結果的に、「AとBが、ともに、Pと-Pについて判断を差し控える」ことは、意味をなさなくなる。つまり、両者はこれまでの信念を持ち続けてもよいことになる。いや、むしろ積極的にそうすべきなのだ[10]。プランティンガのいう排他主義者の「三条件」を認めるならば、必然的に、排他主義は肯定されることになるのである。

読者は狐につままれたような感じを受けるかもしれない。しかし、プランティンガの議論を論駁するのはなかなか難しいと思う。

プランティンガの議論から得られる教訓の一つは、人間がある宗教を信じている/信じるようになると、宗教の核心には言語で言い表される教理・教義・信条・信念があるのだから、排他的な要素をふくまざるを得ない、ということである。そして、梅津がプランティンガの議論を要約して述べているように、「排他主義という態度はある信念体系にコミットしていこうとする人間の真剣な宗教的探究の結果として不可避的な一つの態度であり、一つの信仰に帰依していこうとする立場が即いろいろな弊害をもたらすということは〔論理的に〕言えない[11]」のである。

「排他主義」から「専心主義」へ

さらに、こういう「排他主義」を「専心主義」と呼ぶほうが適切ではないか。これまで「排他主義」といってきたのは、“Exclusivism”という英語の翻訳語である。これは、ヒックたち宗教多元主義者がよく使用する言葉であり、ヒックや宗教多元主義者の著作・論文の日本語訳のほとんどにおいて「排他主義」と訳されている。だが、梅津は、この訳語にはある種のイデオロギーが感じられるからであろうか、これを「専心主義」と訳すことを提案している——「もっぱら一つの信仰に帰依するということから専心主義と訳したらどうかと思う[12]」。「排他主義」であれば、一方的に非難・放擲されるべき否定的な意味合いをともなうが、「専心主義」ならば、必ずしもそうではなく、むしろ肯定的な意味合いをともなうであろう。

さらに一歩ふみこんでいえば、宗教がもつ排他主義を、専一的に自分の宗教にコミットする「専心主義」と読み替えて、これに積極的な価値づけをすることも可能である。すなわち、自分が一つの宗教に専心・帰依することを肯定的に捉えるのはもちろんのこと、それと同時に、他宗教の信者がその宗教に専心・帰依することも積極的に肯定するという態度を、宗教を信じる者の倫理として確立するのである。自分に信仰の自由が認められることは、他者にも「権利としての信仰の自由」を認めることによって裏打ちされることになる。つまり、異なる宗教を信じる者たちは、互いの権利を尊重しあうようにならなければならないのだ。もし、他宗教の信者の権利を認めないことになれば、自分の権利も認められないことになってしまう。

❖1　小田淑子「寛容の成熟」(岩波講座「宗教」第一〇巻『宗教のゆくえ』岩波書店、二〇〇四年)二二三―二二四頁。

❖2　ヘンリー・カメン(成瀬治訳)『寛容思想の系譜』平凡社、一九七〇年、三二一―三二二頁、参照。

❖3　挽地茂男によると、ルターのユダヤ教に対する態度は、次のような変わり方をした。ルターは、『イエス・キリストは生まれはユダヤ人であった』という小冊子(一五二三年出版)において、キリスト教徒によるユダヤ人迫害を非難した。そして、キリスト教徒に、ユダヤ人たちを人間的にとりあつかうことによって改宗へ導くように、すすめた。けれども、ユダヤ人が福音主義のキリスト教に改宗しないことを知った晩年のルターは、過激な反ユダヤ主義者となったのである。

❖4　グスタフ・メンシング(田中元訳)『宗教における寛容と真理』理想社、一九六五年、四六頁、参照。

❖5　以下の論述は、とりわけ同訳書の一七—二〇頁の議論にもとづく。

❖6　ラーナーにかかわる以下の議論は、次の著作にもとづく。古屋安雄『宗教の神学——その形成と課題』ヨルダン社、一九八七年、二六二—二八一頁。

❖7　第2章の註(3)(4)を参照のこと。

❖8　Cf. Alvin Plantinga, "Pluralism: A Defense of Religious Exclusivism" in: *The Rationality of Belief and the Plurality of Faith: Essays in Honor of William P. Alston*, ed. by Thomas D. Senor, Cornell University Press, 1995. なお、以下の議論は、この論文をベースに梅津光弘の論文(註9)を加味している。そして、全体として本稿の論点に引きつけてプランティンガの議論を紹介している。

❖9　梅津光弘「倫理学的に見た宗教多元主義」(間瀬啓允・稲垣久和編『宗教多元主義の探究——ジョン・ヒック考』大明堂、一九九五年)一〇八頁。

❖10　この見解にたいして、「この議論自体は理解できるが、〈寛容〉という問題で問われているのは、信念を持ちつづける〈内面の自由〉ではなく、その信念を表明したり、相手に押し付けたりするレベルの問題ではないか」という疑問がよせられた。たしかにそういう疑問をもたれても不思議はない。しかしながら、まず、ここでいわれている「内面の自由」に理論的基礎が与えられたのは進歩であろう。さらに、この疑問については、「異なる宗教を信じる者たちは、お互いの信じる権利を尊重しあうようにならなければならない」という筆者の主張を真摯に受け取ってもらいたいと願う。また、第4章で町田宗鳳のいわば「ココロ主義」を批判しているが、良心に訴えるだけでは弱いので、政治的方策も必要であろう。ただし、本書では具体的な提案はできない。

❖11　梅津、前掲論文、一一一頁。

❖12　同論文、一一六頁。もちろん、すべての文脈において「専心主義」と訳すべきか否かは議論の余地がある。「排他主義」と訳すべきところもあるだろう。けれども、「専心主義」と訳したほうがよい文脈が多いことは、否定できない。

第4章

戦争から平和へ

1 宗教と戦争

宗教は戦争をおし進める

宗教と戦争は密接な関係にある。けれども、「宗教が戦争の直接原因である」ことはなかなか立証できない。何を立証すればそのように断言できるかが、不明だからである。それゆえ、「宗教が戦争の直接原因なのか否か」と問うのは、無意味である。たとえ聖典のなかにそうしたことが書かれていたとしても、必ずしもそれが原因で戦争が起こるわけではない。たとえば、『クルアーン』のなかには「反逆行為がなくなるまで、そして宗教がすべてアッラーに帰一するまで、彼ら(信仰なき者ども)と戦い続けよ」(八・四〇)とある。もちろん、これが書かれた脈絡もあるが、世界がイスラム一色になるまで戦えとあっても、現実にはそうなっていない。

戦争が起こるには多数の要因(民族・歴史・政治・経済などにかかわる諸問題)が複雑にからんでおり、宗教を戦争の唯一の原因として特定できないとしても、間違いなく断言できることがある。それは、宗教が戦争を促進しいっそう激烈なものにする場合がある、ということだ。宗教学者の金井新二も、のちほど紹介するハンチントンの「文明の衝突」論に異議を申したて、「宗教の違いが戦争をもたらすのではない」と明言する一方で、次のように語っている。

〔だが、〕私は〔戦争とのかかわりで〕宗教がまったく免責されるべきだと言うつもりではない。やはり宗教は問われているし、問われねばならないと思っている。戦争をしている人びとが…宗教に訴えたり、また宗教から励まされたりしていることが事実である以上は、一定の相互促進的関係が宗教と戦争との間に生じているのである。したがって、その人びとの信奉するあれこれの宗教にはたしかに責任がある。それらの宗教は当の戦闘や殺戮を阻止するはずのものであるのにそれが出来なかったからである。また、戦争の遂行に精神的支援を与えているからである。[1]

戦争のレトリック

宗教が直接に／間接に戦争をおし進めることがあるのは、さまざまな次元において観察される。たとえば、『旧約聖書』『ラーマーヤナ』『マハーバーラタ』などには戦いのことがいろいろと描かれているし、キリスト教の「キリストの戦士」、シク教の「信仰者軍」、イスラムの「聖戦」などは、文字通り「戦い」と直結している。[2] じっさいに、どの宗教においても暴力や戦争を促がすようなレトリックが多数見受けられる。こうした事実も、宗教の暗い側面とふかい関係にあると思われる。すなわち、そうした戦争のレトリックが信者の深層心理のレベルに伏在しており、それが暴力や戦争をおしすすめる遠因となっているということだ。

宗教と暴力やテロとの関係にくわしいマーク・ユルゲンスマイヤーは「現代の宗教において、戦争行為のレトリックは、供犠の言語とおなじくらいに顕著である。そして、ほとんどすべての宗教的な伝統が、武勇の比喩によって満たされている」[3]という。ユルゲンスマイヤーの聖なる書物の解釈はこうだ。ヘブライ人の『聖書』のすべての書は、偉大な王たちの軍事的な功績に向けられており、彼らの征服は、詳細にわたって血なまぐさく述べられている。『新約聖書』は鬨の声を取り上げていないけれども、キリスト教の歴史はキリスト者の血みどろの十字軍と宗教戦争の記録である。偉大なる叙事詩『ラーマーヤナ』『マハーバーラタ』は終ることとのない衝突と軍事的な陰謀の物語である。

また、ハーバード大学で博士号を取得したハリエット・クラブトゥリーは、現代のプロテスタンティズムの賛美歌・小冊子・説教に投影された「大衆神学」のイメージを俯瞰して、「戦争行為のモデル」が突出していることを発見した。賛美歌の作者が「十字架の戦士」に「イエスのために立ち上がれ、立ち上がれ(!)」と呼びかけるとき、この呼びかけは、精神的なものであるとしても、信者には現実の戦闘への参戦要求だと理解されている。さらに、戦争行為のイメージは、それが「聞き手あるいは読み手を宗教的なコスモスのなかに位置づける」から魅力的なのである。[4] 賛美歌や説教というのは、キリスト教信者の場合、幼少のころから接するであろうから、見方しだいでは、深層心理にかなり大きな影響をあたえる可能性もあるに違いない。

第3章でみたように、宗教には非寛容で排他的で苛烈な側面が見出されるのであった。それらが、戦争と結びつくことは自然なことであろう。こうした諸要素が相乗的にむすびつくと、深刻な事態をひきおこすことになる。

宗教がからむ紛争

人類の歴史は戦いの歴史であったといえる。現代の世界を見わたしても、今なお多くの地域で、宗教がからんだ対立や紛争がみられる。たとえば、終息した(ように見える)ものもふくめるが、次のようなものである。①国家建設をめざすパレスチナ人とイスラエルが戦っている「パレスチナ問題」、②プロテスタント系の人びととカトリック系の人びととの対立である「北アイルランド紛争」、③仏教徒のシンハラ人とヒンドゥ教徒のタミール人が衝突している「スリランカ民族紛争」、④キリスト教などを信仰するスーダン人民解放軍とイスラム主導の政府との内戦である「スーダン南部問題」、⑤クロアチア人・セルビア人・イスラム教徒が抗争をつづけた「ボスニア＝ヘルツェゴビナ紛争」、⑥インドネシアのマルク諸島でキリスト教徒とイスラム教徒とのあいだでおこった「マルク宗教抗争」など。こうしたリストはいくらでも拡張することができる。[5]

宗教と暴力

現在のわが国の報道状況に鑑みれば、「宗教と暴力」というと、すぐにイスラム教を思い浮かべるかもしれない。だが、ユルゲンスマイヤーは「暴力を是認する思想やイメージは何も特定の宗教の専有物ではない」という。[6] つまり、キリスト教・ユダヤ教・イスラム教・ヒンドゥ教・シク教・仏教など、世界の主要な宗教のほとんどすべてが、暴力行為の実行者を生んできた事実を指摘するのだ。そして、彼は「宗教はテロ行為の遂行に決定的な役割を果たしている」と主張する。すなわち、宗教は、殺害行為に道義的正当性をあたえ、テロ行為の実行犯に対して「自分たちは聖典に描かれたシナリオどおりに闘っているのだ」と信じこませる「コスモス戦争」のイメージを提供するのである。

その「コスモス戦争」とは以下のようなものである。ほとんどの宗教は、第1章でも述べたように、「意味の秩序体系」(コスモス)をもっている。宗教がもつこうした秩序体系の確立のために、善と悪、真理と虚偽、秩序と無秩序といった絶対的な二項対立をめぐって戦われる戦争を、ユルゲンスマイヤーは「コスモス戦争」と名づけた。そして、世俗的な対立が宗教的コスモス戦争の性格を帯びる三つの特徴を挙げている。

①争いが、当事者の基本的なアイデンティティと尊厳を護るためのものと見なされること――争いが、当事者の命ばかりではなく宗教文化全体を護るためのものだと解されるならば、宗教的意味合いを伴う文化戦争と見なされる。

②争いに負けることなど考えられないこと――争いに負けることが考えられない場合、その争いは人間の歴史を超えた次元で起きている、と解釈される。

③争いが行き詰まり、現時点であるいは現実問題として、勝利できないこと――争いが人間の次元では絶望的なものと見なされれば、それは勝利を神の手にゆだねる宗教の次元で再考される。

ユルゲンスマイヤーは、これら三つの特徴のどれか一つがあれば、「現実世界での紛争が、聖なる戦争として、コスモスの次元で捉えられる可能性が高まる」という。そして、当然のことながら、三つの特徴すべてが同時に備わっていれば、その可能性はいっそう高くなる。「世俗世界で始まる戦争も、解決の目処がたたず、敗北がいかに悲惨かの認識が高まるにつれて、しだいにコスモス戦争の特徴をもってくる」のだ。たとえば、パレスチナ人とイスラエルの対立は、一九八〇年代まで、どちら側からも宗教戦争だとは見なされていなかった。しかし、紛争が神聖化され宗教色をおびるにいたって、それは双方の過激派にコスモス戦争と映るようになったのである。自爆テロを決行する直前の青年の話を読むと、もう意味体系としての宗教的世界観に浸りきっていて、自爆テロを止めさせることなど、誰によっても説得不可能なような気になる。また、彼らの考え方を頭から否定することは、傲慢にすら感じられる。

自爆テロを遂行する若者

ユルゲンスマイヤーは、おそらく一八歳にもなっていないハマース(パレスチナの過激派グループの一つである「イスラム抵抗運動」)の一員である若者が、明日、自分の命をかけて攻撃するという日に、次のように語っているビデオを見たという。さらに、その若者は笑ったり微笑んだりしながら語っていたそうである。

明日は決戦の日です。世界を統べる主と出会う日でもあります。神のために私たちの血を捧げます。これは、私たちの故国への愛とここに住む人びとの自由と名誉を護る気持ちに由来するものです。パレスチナ人がイスラムの教えを守り続けること、ハマースが混乱し苦しみに喘ぎ抑圧されているすべての人びとが進む道を照らす松明であり続けること、そして、パレスチナが解放されることを願っての行為なのです。[7]

別のビデオに写っていた少年は、「人はすべていつかは死ななければなりません。だから自分の宿命を自分で選べるのは、なんと幸せなことか」と述べていたという。さらに続けて、

「ロバから落ちて死ぬ人もいます。乗っていたロバに踏み殺される人もいます。車にはねられる人もいるし、心臓発作に襲われる人もいます。屋根から落ちて死ぬ人もいます。人間の死には、死に方によって何らかの差はあるのでしょうか」と。ユルゲンスマイヤーは「そこには言外に、殉教による死を選択できる機会はごく稀で、それに恵まれた自分は幸運だという気持ちが込められていた」と語っている。「本当に死は一生に一回しかありません」というある有名なイスラムの殉教者の言葉をくり返しながら、その少年はこう結んだという――「だから、その死を神のもとへ向かう路で迎えましょう」[8]。

ところで、ハマースの政治部門の指導者である、アブドゥル・アジーズ・ランティシは「〈自爆攻撃〉という言葉を使うべきでない」と主張している。「自爆攻撃」というと、正道からはずれた一個人が衝動的に走った行動という意味合いを持っている。よく知られたアラビア語の「イスティシュハディ」(istishhadi)という表現の方が望ましいという。それは「みずから選んだ殉教」という意味である。さらに、ランティシによれば、「ハマースの組織決定として若者によって行われる使命は、若者が宗教的義務の役割を果たすべく慎重に注意ぶかく選択した結果の行為」であり、ハマースの指導者たちが自爆攻撃を命じるのではなく、彼らは時に応じて許可を与えるだけだという[9]。

アメリカ同時多発テロ事件

つぎに、二〇〇一年九月一一日におこったアメリカ同時多発テロ事件を取り上げよう。この事件の直後、多くのイスラム関係者から、「犯人たちはテロリストであって、イスラムの信者ではない」といった主張がなされ、このテロ事件とイスラムは関係ないものとされる風潮も出てきた。しかし、そう簡単に割り切れないのではないか。犯人たちの背後には、偏ったものといえどもイスラムの宗教観・世界観があり、それによって、犯人たちは「みずから選んだ殉教」をすることにより「天国に行ける」と確信した可能性はないか。

もともと、イスラムの教えでは、世界は二分されている。つまり、イスラム的な秩序が確立されている「イスラムの世界」(ダル・アルイスラム)と、そうした秩序を欠いている「闘争の世界」(ダル・アルハルブ)に分けられているのだ。前者を後者の攻撃から護ることも、また前者を後者へ拡大することも、それぞれ防衛ジハードと拡大ジハードとして認められている。また、イスラムの過激派は「現在はコスモス戦争の最中だ」と認識しているだろう。

イスラム政治思想史を研究している池内恵は、イスラム原理主義思想を定義して、「イスラム主義思想の一部をなし、極限的な解釈をとるもの」「宗教の領域以外の諸領域の存在を拒否し、暴力的な手段で消滅させることに主眼をおいた思想」と論じている。[10] 池内はイスラム原理主義を三つの形態に分類して、そのうち最も新しい三つめの形態と九・一一事件とが密接な関係にあるとする。すなわち、その形態の原理主義は、宗教の領域（そこでは国家・宗教・政治が一体となっている）以外の領域に逐一攻撃を加えて消滅させ、宗教の領域が残ることによって、ウンマ（イスラム共同体）の理想状態の回復ととらえる。そして、イスラム原理主義のグローバルな展開により、攻撃対象が、従来のイスラム世界の範囲内にとどまらず、地球全体と理解されるようになったのだ。

こうした流れのなかで九・一一事件が理解されるとすれば、テロの決行者たちは、極端な思想をもった集団とはいえ、広い意味でのイスラムとの関わりが無いとは断言できないだろう。

禅仏教と第二次世界大戦

もう一つ、日本における宗教と暴力にかかわる事例をとりあげよう。筆者は「宗教のなかでも禅（仏教）にもっとも共感を覚える」といった（第1章参照）。しかし、禅とても状況しだいでは暴力や戦争を後押しすることもある。仏教学者の石井公成は、次のような事実を紹介している。[11]

日中戦争がはじまって三年めの一九三九年、曹洞宗の禅僧で宗門の大学の学長を務めたこともある人物は、その論文「全体主義と禅」において、「君民一体の日本的な全体主義は坐禅によって体得するほかはない」旨を説いている。

さらに、太平洋戦争の戦況が悪化の一途をたどっていた一九四四年九月に刊行の『大乗禅』では、臨済宗や曹洞宗の著名な禅僧が座談会を開いた。そのタイトルは「一億総武装と驀直去の公案」。そのなかで、たとえば臨済宗の管長でもあった人物は、宗教報国のために、いつも「当局の施政に即応した仏法」を布伝して、当局の一助になるよう禅道の挙揚に努めなくてはならぬと論じながら、「戦争に直面したならば、戦争一枚になって、他念をまじえぬ、奮戦力闘三昧になることが、即ち禅である」と明言している。さらに、その座談会の参加者たちは、一億総武装の心持ちがそのまま「驀直去(まっすぐ行け)」の精神であり、皇軍兵士は心の武装ができた人、つまり見性成仏ができた人であるなどと、実にはっきりと断言している。

もちろん、こうした事実のみを当時の状況から抽象することには、反論もあろう。つまり、当時のきびしい状況を省みれば、禅といえども戦争体制に協力する以外に道はなかった、ともいえる。また、こうした発言はまったくの個人の問題であり、それによって禅なり仏教なりが全体として批判されるいわれはない、という見解もあろう。しかし、日本の禅をリードする立場にある代表的禅僧たちが異口同音に右のようなことを述べていたのが事実であるとすれば、彼らは、精神的にとはいえ、戦争遂行をおし進めた、といわねばならない。

ただし、事態はこのように単純に割り切れないかもしれない。補足をしておきたい。日本がかかわった第二次世界大戦(一九三九—一九四五年)は、一九三七年七月の盧溝橋事件を契機とする侵略的な日中戦争(加害者としての日本)から、太平洋戦争で広島・長崎に原子爆弾が投下され降伏する(被害者としての日本)まで、長い時間が流れ、戦争の局面も時々刻々と変化しつづけた。複雑な戦争だが、単純化していえば、日本にとっての第二次世界大戦は大きく二つの局面に分けることができる。つまり、日本が中国をはじめとするアジアの国々にたいして侵略行為にでた前半と、圧倒的軍事力をもつアメリカを相手に戦った後半である。後半ないし後半の後半は、前半と異なり、日本がアメリカに対してそれほど背徳的なことをしたわけではない。そこで、こういう意見がでることが予想できる——「太平洋戦争も終わり近くなり、絶対的に有利な立場にたった侵略的なアメリカに対して、日本があそこまで果敢に戦えたのは、当時、日本人を精神的に支えた複数の宗教があったからだ。そうした宗教がなければ、原子爆弾まで投下した非人道的なアメリカとあそこまで勇敢に戦えなかっただろう。ゆえに、絶対的に不利な戦況で精神的に日本人を支えた当時の日本の諸宗教が、一方的に非難される理由はまったくない」。

平凡ながら、これに対する筆者の考えを述べよう。まず、そもそも関東軍の中国への侵略行為に端を発する一連の戦いは始めるべきではなかった。そして、残念ながら始まってしまった戦争の後半においても、できるだけ早い時期に止めるべきであったと思う。なぜならば、後半ないし後半の後半においても、この戦争では、国内外においてあまりにも多くの理不尽な犠牲者をだしたし、戦争ゆえに多くの非人道的なことがなされたからである。このように考えると、やはり、戦時中の日本の諸宗教が「戦争の遂行に精神的支援を与えた」ことは、避けるべきことであった。

戦争とアイデンティティ

宗教は信者に「自分は何者であるか」を教える(第1章参照)、つまり、信者のアイデンティティの獲得とふかく関係している。社会が混乱しているときや社会に急激な変化がおこっているときに、また、自分が逆境におかれたときや精神的に不安定なときに、アイデンティティの問題が深刻になるというのは、よく知られた心理学的事実である。とりわけ戦争の場合は、個人的にも社会的にも、すべてが非常事態にある。

戦略論の専門家で政治学・国際関係論の分野でも活躍している、サミュエル・ハンチントンは『文明の衝突』(原著出版一九九六年)というベストセラーを出版した。筆者は彼の見解を全面的に支持するつもりはない。その理由は、文明を本質主義的な視点でとらえていること、世界の諸文明の九つの分類が恣意的であること、一つの文明のなかに複数の宗教が混在している事実の説明がつかないこと、宗教と戦争をあまりに短絡的にむすびつけているように見えること、などである。

しかし、かなり正鵠を射ているのではないか、と思う面もある。それは、「宗教が違えば敵対する者同士の憎しみの度合いが増す」という指摘だ。このことは、たとえば、パレスチナ紛争が一九八〇年代に宗教的色彩を濃厚におびてからいっそう深刻になった、という事実と呼応する。

宗教とアイデンティティの関係については、ハンチントンも「アイデンティティは、ほとんどの場合、宗教によって定義される」と述べている。異なる文明の間にある断層線上で勃発する「フォルト・ライン戦争」[12]が進行する過程では、アイデンティティを供給するほかの源泉の多くは影をひそめ、もっとも重要なアイデンティティの源泉が浮かびあがってくる。そうしてもたらされるのが、まさしく「宗教的アイデンティティ」なのだ。旧ユーゴスラビアやコソボの紛争では、恋人や夫婦の仲がある日とつぜん引き裂かれた例が数多く報道されていた。その原因は、宗教やこれとふかく結びついている民族の相違である。

歴史的に、ボスニアでは共同体としてのアイデンティティは強くなく、セルビア人・クロアチア人・イスラム教徒が平和に共存していた。三者間の結婚も多数あり、三者をわけへだてる宗教意識もそれほど強くなかった。イスラム教徒はモスクに行かないボスニア人で、クロアチア人は大聖堂に行かないボスニア人で、セルビア人は正教教会に行かないボスニア人だといわれた。しかし、ユーゴスラビアという広い意味のアイデンティティの源泉が崩壊すると、曖昧だった宗教上のアイデンティティが重要視されるようになり、戦闘がその傾向を助長した。こうした事情について、ハンチントンは次のように論じている。

複数共同体の意識は消えて、それぞれのグループが広い文化的(宗教的)コミュニティと一体化し、自分たちを宗教的な言葉で定義するようになった。ボスニアのセルビア人は、過激なセルビア民族主義者になり、自分たちを大セルビア・セルビア正教会・より広い東方正教会と一体化させた。ボスニアのクロアチア人は、熱烈なクロアチア民族主義者になり、自分たちをクロアチアの市民だと考え、そのカトリック信仰を強調し、クロアチアのクロアチア人と一緒になってカトリックの西欧と自分たちを一体化させようとしている。

それ以上に目立ったのは、イスラム教徒が文明的な自意識をもつようになったことだ。戦争が始まるまで、ボスニアのイスラム教徒のものの考え方は非常に世俗的で、自分たちをヨーロッパ人と考え、多文化のボスニア社会と国を強く支持していた。しかし、ユーゴスラビアが分裂するにつれ、それが変化しはじめた。[13]

そして、ハンチントンによれば、旧ユーゴスラビアでの紛争の当事者と外部の観察者のほとんどが、これらの紛争を、宗教的な紛争あるいは民族と宗教のからんだ紛争だとみなしている。紛争はしだいに宗教戦争の特徴をおびはじめ、「その闘争はヨーロッパの三大宗教であるローマ・カトリック、東方正教会、イスラム教のあいだの宗教闘争だった。これら三大宗教は、ボスニアで境界が交わっていた過去の帝国の宗教的痕跡でもあるのだ」という指摘もうなずける。

ハンチントンは「フォルト・ライン戦争は異なる宗教を信ずる人びとのあいだで起こる」とか「フォルト・ライン戦争が頻発し、烈しくて、暴力的なのは、異なる神を信じることが原因であることが多い」と論じている。もしもこのことが紛れもない事実であるならば、まさしくハンチントンがいうように、「数千年にわたる人間の歴史は、宗教が〈わずかな相違〉などではなく、おそらくは人間のあいだに存在しうるもっとも深刻な相違かもしれない」[14]〔傍点引用者〕のである。

宗教による暴力の正当化

宗教はその信者にとってかけがえのない秩序だった世界観・意味体系である。また、宗教は、無秩序をなんらかの仕方で意味づける、ないしは、無秩序をそれ自身の秩序のなかに取り込むという機能をはたす。なぜなら、宗教は多種多様なものの存在をそれ独自の世界観にもとづいて意味づけるからだ(第1章参照)。

そうだとすれば、二つの宗教が対立関係にあるとき、二つの宗教が相手の宗教を自分の意味世界のなかに包摂できないときには、たがいに相手を「無秩序なもの」とみなすことはかなり自然なことであろう。ユルゲンスマイヤーも、戦争における「敵」は「世界において、まったく分類のできないようなものをふくむ、混沌とし不確実であるものを代表する」といっている。つまり、敵は「無秩序の象徴」として描かれているのだ。そして、秩序は無秩序を許容できないと考えられるから、こうした場合に対立はきわめて根深いものになり、最悪の場合には、相手を殲滅させることで無秩序を自分の秩序のなかにとりこむ、ということになる。相手を殺傷するという非人道的な行為にも「われらの神のために敵を撲滅した」などと宗教的な意味づけがなされ、暴力は正当化されることになる。敵が無秩序の象徴であるとすれば、「それを消滅させてもかまわない」という判断がなされても不思議はない。

ここでさらに一歩踏みこんで、以下のことをつけくわえたい。それは、ある宗教が自らと異質な宗教を排撃するのは、相手が無秩序であることを超えて、むしろ「自分と同じ秩序の象徴だから」という一面もあることだ。敵が信じている宗教もじっさいには一つの宗教であるがゆえに、「みずからの宗教が敵の宗教によって無秩序だとみなされ、自分たちが敵によって殲滅させられ、相手のなかにとりこまれてしまう」という無意識的な恐怖感も、戦闘状態にある信者たちの心の奥底にあるのではないか。敵対する宗教を無秩序とみなすみずからの姿勢が、おなじように相手にもある。相手を無秩序とみることと、みずからが無秩序とみられることとは、表裏一体の関係になっているのだ。

「シャローム哲学」

以上では、宗教と暴力との関係のほんの一部を垣間見てきたにすぎない。だが、読者はあらためて「宗教は危険だ」「宗教は暴力を肯定・推奨するのだ」という印象をもったかもしれない。しかし、それは事柄の半分である。宗教と暴力とが密接な関係を結んでいることは、実は驚くべきことではない。むしろ、驚くべきは、どれほど多くの宗教の信者たちが暴力行為に加担しなかったか／現にしていないか、ということである。

「はじめに」でも述べたように、世界人口の八割以上の人びとが宗教の信者だといわれるが、その多くは、やはり人間として、平和な生活を送ることを望んでいるに違いない。わが国におけるイスラムの報道によって、「イスラム教は過激で危険な宗教だ」という印象をもつ日本人は多いだろう。しかし、一三億ちかいイスラム教の信者のことを考えると、テロや暴力行為に加担しているのはごく一部であり、そのほとんどはテロや暴力行為に関係していない。

また、たとえばハマースの支持率を見ると、一九八七年ごろ、イスラエルとの和平交渉がパレスチナ人に希望を与えていたときには二〇％以下に下がった、という事実も報告されている。和平への見通しが暗くなってはじめて、その支持率は上昇したのである。[15]言いかえれば、平和到来のきざしがみえると、パレスチナの人びとはそれを期待して暴力行為から距離をとったのだ。

ところで、読者諸氏は「シャローム哲学」という言葉を聞いたことがあるだろうか。「シャローム」というのはヘブル語で「平和」を意味する。キリスト教徒で宗教哲学者の稲垣久和は、「聖書の宗教は、旧約から新約への流れの中で、〈神の国〉の実現は結局は霊的なものであること、〈救い〉はキリストの贖罪を通した神と人びととの和解と平和（シャローム）であることを明瞭に示していた」という。[16]稲垣が「シャローム哲学」という用語を使用する理由は、現代の紛争や戦争が、宗教とりわけイスラム教・ユダヤ教・キリスト教と関係づけて語られるのであれば、「これらの諸宗教のルーツ（ヘブル語聖書）には、平和こそが基本にあったことを喚起するため」である。稲垣の見解が正しいとすれば、右の三つのセム系宗教の根底には「平和」の思想が流れていることになり、これを掘り起こすことはきわめて有意義なことであろう。

さらに言おう。日本語においてさえも、「シャローム」と「イスラーム」（イスラム）という言葉の響きはなんとなく似ていないだろうか。じつは、「イスラーム」という名称はアラビア語で「平和」を意味する「サラーム」と語源を同じくしているし、その「サラーム」は「シャローム」ともともと同義であったのだ。

三つのセム系宗教以外のものもふくめて、諸宗教の根底にある「平和」思想を現代的なかたちで捉えなおすことは、人類全体にとってきわめて意義のある仕事になるに違いない。

宗教がからむ闘争を見ていると、そこには「おのおのの宗教は平和を求めながら、その平和を勝ち取るために闘争をくり広げる」という悪循環が見出せるような気がする。また、テロリストたちは自分たちが思い描いている平和を実現するために、暴力行為にはしるのかもしれない。こうした悪循環をなんとか断ち切れないものか。いずれにせよ、**基本的に「平和」を求める傾向はほとんどの人間・宗教に共通している**。そして、**ここにこそ、宗教間対話が世界平和の実現に寄与できる可能性がある**のだ。けれども、ここで問題が生じる。

第2章において、「世界に平和をもたらしたい」という世界中の人びとの願いは、「自分がおこなっている反戦運動を誰かもどこかでやっている」という意識と結びついていることを紹介した。また、山脇の次のような言葉も引用した――「公共哲学は、公共性の担い手がそれぞれ自己の置かれた状況のローカリティをよく踏まえつつ、グローバルなレベルで文化の多様性を相互に承認(了解)し合いつつ、普遍的認識や合意にも達していくようなものでなければならない」。すなわち、われわれは一人の人間として、世界中のさまざまな地域に住んでいるわけだが(ローカリティ)、それをふまえて、自分たちに相応しいやり方で世界平和の実現(グローバリティ/普遍的合意)に貢献すべきなのである。

だがその一方で、同章において、「女性」の捉えられ方は宗教によって異なることも指摘した。このことを「平和」にあてはめてみると、「平和という概念も宗教によって異なるのではないか」という懸念がうまれるであろう。これが事実だとすれば、平和をめぐる宗教間対話や宗教間協力に障害がうまれはしないか。じっさいに、山脇は「平和」を「普遍的価値理念」として把握しているのだが[17]、この普遍的価値理念をそのまま素直に受け取っていいものだろうか。この問題については、次のように考えて、切り抜けよう。

それぞれの宗教が平和を希求しているが、そうした個々の宗教の平和観はその宗教に内在する価値観であり、いわば「宗教に内在する平和」とでも呼べる。これに対して、公共哲学がいう平和は、対立や戦闘がない状態であり、いわば「機能的平和」とでも呼べる。平和は、人びとの内側から希求され、人びとの内発的な努力があってはじめて、十全なかたちでもたらされるものである。価値観としての平和観が、諸宗教の信者たちのあいだで異なる可能性は充分にある。だが、そうした可能性があるとしても、「機能的平和」という状態つまり対立や戦闘がない状態は、どの宗教の信者にとっても好ましい。ゆえに、平和観の相違を、世界平和の実現に向けてローカルなかたちで努力することの障害とみなす必要はない。

2 世界平和にむけての宗教間協力

戦争に加担したり戦争を促進したりした諸宗教の信者たちが、自分自身や仲間が関与した戦争ないしそれと直接かかわるテーマを掲げて対話することは、負の歴史を背負っているわけだから、難しいかもしれない。しかしながら、平和をめざす「宗教間協力」であれば、対話ほど困難ではないだろう。現実に、世界平和の実現をもとめて、世界の諸宗教が活発に協力しあっている。

だが、宗教間協力に批判的な論者もいる。たとえば、比較宗教学者であり仏教者でもある町田宗鳳である。彼は直接には宗教間協力を批判しているわけではないが、これは彼が批判する「国際協調」の一種であるから、当然、宗教間協力も批判の対象となる。町田は人間の内面に巣くう「盲目的な欲望」「内なる暴力」「深い宿業」「人間が逃れることの出来ない無明」などを直視し、「地球上に紛争が絶えないというのは、人類が真剣に平和を希求していないことが最大の原因である」という。町田は、いわば平和の砦を人びと心のなかに築こうと主張して、次のように論じている。

平和が国際協調や民主化運動によって実現すると考えるのは、ひどい幻想といってよい。…闘争本能をもつ人間社会が平和であるということは、自然現象に逆らうことであり、不自然でさえあるのだ。だからこそ、この地球共同体を構成する一人ひとりが、我欲にまみれた現実生活に反省を加え、内なる光に出会おうとする人間として最も大切な努力に、真剣に取り組まないかぎり、地上に平和が永遠に訪れることはないと、覚悟を決めるべきだろう。[18]

たしかに、自分自身が僧でもある町田の主張には迫力がある。しかし、いわば「ココロ主義」だけでは平和は訪れない。なぜならば、当たり前のことだが、実践面がともなわないと現在の状態では決して平和は訪れないからだ。また、町田がどんな人間にも内在するダークな側面を直視したとしても、しょせん普通の人間は弱いものである。彼がいくら正論を述べても多くの人びとはついていけないであろう。この意味において、具体的で実践的な政策や国際協調や宗教間協力はきわめて大切である。

ところで、一八九三年にひらかれた史上初めての世界的規模での宗教間対話ともいえる、万国宗教会議（第2章参照）いらい、世界中で宗教間の相互交流は増大してきている。日本では、第二次世界大戦が終結したあと、多くの宗教者や宗教団体が参加し、平和に向けた宗教間の交流・対話・協力活動が展開されてきている。たとえば、原水爆禁止運動、核軍縮署名活動、紛争や旱魃で流出した難民の救援活動、平和を祈る集会、シンポジウムなどである。その実践活動の領域は、今日では軍縮・紛争和解・難民救援・開発援助・教育向上・環境保全など、多くの分野におよんでいる。

以下では、宗教間対話の第二の形態である「宗教間協力」の具体的な活動を、長年宗教間協力に積極的にたずさわっている、新日本宗教団体連合会(新宗連)の斎藤謙次の「平和を求める宗教間対話の実践と課題」[19]にある記述を手引きとしながら、跡づけていきたい。

一九四五年―一九六〇年代

終戦から二年後の一九四七年七月、東京で日本宗教連盟の主催により全日本宗教平和会議が開かれ、「二度と戦争を繰り返さない」との決意を込めた「宗教者平和宣言」が採択された。だが、その三年後、一九五〇年六月に朝鮮戦争が勃発すると、全国で「戦争への不安」がまたたくまに拡大し、平和に対する危機意識は各種の平和運動となって具体化されていった。一九五〇年四月には京都で京都宗教人懇談会が、五一年二月には東京で仏教徒平和懇談会が、それぞれ結成されている。

一九五四年三月、第五福竜丸がビキニ環礁での水爆実験で被爆すると、急速に「核実験禁止」と「原水爆禁止」の運動が拡大していった。被爆事件の翌月、東京で日本山妙法寺、大本・人類愛善会、キリスト者平和の会などが中心となり、世界平和者日本会議が開催され、原水爆禁止などを決議している。一九五〇年代の宗教者による日本の平和運動の特徴は、世界各地での原水爆禁止運動と連動し、原水爆禁止に向けた活動が中心となっている点である。

こうしたなか、一九五四年一〇月、新宗連は「原子力の武器利用とその実験に反対する決議」を採択。新宗連は、一九五一年に結成された新宗教教団の連合会であり、日本における宗教間の対話と協力を基盤にしながら、平和活動を積極的に進めてきている。この決議のなかで、新宗連は「原子力が武器として利用されること」「そのための実験が世界のいかなるところにおいてでも行なわれること」に対して宗教的人道主義の立場から反対する、と述べた。この決議は、核実験への反対にとどまらず、その後の新宗連の平和活動の基本姿勢を構成している。

一九五〇年代初頭から始まった各種の平和運動は、一九五五年八月、広島における第一回原水爆禁止世界大会へと結びついていった。こうした運動は年をおうごとに拡大し、一九五七年の第三回原水爆禁止世界大会からは、階層別の協議会がもうけられ、宗教団体を構成員とする宗教者協議会が開かれるようになり、一九五八年二月には原水爆禁止宗教者懇話会が発会。だが、一九五八年の第四回原水爆禁止世界大会では、二年後に改定をむかえる日米安全保障条約をめぐって意見が対立し、同宗教者懇話会は一九六一年一一月に分裂した。そして、米国・英国・ソ連が部分的核実験停止条約に調印した一九六三年、原水爆禁止世界大会は社会党と共産党の政治路線の対立から分裂開催となった。

一九七〇年代——一九八〇年代

今では世界宗教者平和会議(WCRP)[20]はひろく知られるようになったが、これの設立のきっかけをつくったのは米国の宗教者たちである。米国では一九六〇年代半ば頃から、宗教間の対話と平和のための世界会議の開催をもとめる声が高まっていた。その中心となっていたのが、ユニテリアン・ユニバーサリストたちであり、一九六六年には、ワシントンで「平和のためのアメリカ国内諸宗教者平和会議」を開催している。

一九六八年一月、インド・ニューデリーでガンジー生誕百年を記念する国際シンポジウム「平和についての国際諸宗教会議」が開催され、九ヶ国から五〇人が参加した。これに参加した米国の代表一四人が帰国の途中日本を訪問したさいの、「日本の宗教者と平和について意見交換をしたい」との提案により、のちに「平和についての日米諸宗教者会議」が京都で開催され、これがWCRP設立のきっかけとなったのである。

「第一回世界宗教者平和会議」は、一九七〇年一〇月に京都で開催され、三九ヶ国から諸宗教の代表一九五人が参加した。「非武装・開発・人権」というテーマのもと、六日間にわたり全体会議・研究部会・宗教別会合・国別会合などを開き、最終日に「京都宣言」を採択。この会議は、一八九三年の万国宗教会議(第2章参照)以来の大規模な国際会議となった。万国宗教会議は、参加者がみずからの宗教を紹介するのが主であったのに対し、第一回世界宗教者平和会議は、平和を具体的に実現することを目的としていた。この会議を主催した日本宗教連盟国際問題委員会は、一九七二年四月に発展的に解消し、世界宗教者平和会議日本委員会が発足、同委員会は一九八三年には財団法人となっている。

京都会議のあと、WCRP日本委員会は、宗教間対話と宗教間協力を積極的に推進し、一九七二年六月にホノルルで日米宗教者会議を開催した。そして、七三年三月には、国内の宗教者を対象として「第一回平和のための宗教者研究集会」を主催し、同年五月には、青年組織としてWCRP日本青年部会が発足。七五年四月には、平和大学講座を開講し、各教団の代表者および実務担当者むけに、宗教と平和について幅広く学習する機会をもうけた。さらに、七五年一月に平和開発基金を創設してからは、開発援助・難民救援などの実践活動をすすめている。

WCRPがこれまで開催した世界大会とテーマは表3のとおりである。

一九七〇年代から八〇年代にかけては、世界が大きく軍縮にふみだす時代となった。一九七〇年、米国とソ連は戦略兵器削減交渉を開始したが、大国間の思惑にまみれた外交交渉は

表3　世界宗教者平和会議(WCRP)世界大会とテーマ

第1回　1970年10月　日本・京都
「平和のために何をなすべきか，何ができるのか――非武装・開発・人権」

第2回　1974年8月　ベルギー・ルーベン
「宗教と人間生活と質――地球的課題に対する宗教者の応答」

第3回　1979年8月　アメリカ・プリンストン
「世界共同体を志向する宗教」

第4回　1984年8月　ケニヤ・ナイロビ
「人間の尊厳と世界平和を求めて――宗教の実践と協力」

第5回　1989年1月　オーストラリア・メルボルン
「平和は信頼の形成から――宗教の役割」

第6回　1994年11月　バチカン，イタリア・リバデガルダ
「世界の傷を癒す――平和をめざす宗教」

第7回　1999年11月　ヨルダン・アンマン
「共生のための地球的行動――新たな千年期における宗教の役割」

いきづまったままであった。核兵器開発競争による核拡散の脅威と核戦争への不安が世界中で高まるなか、国連は一九七八年に第一回軍縮特別総会を開催したのにつづき、八二年に第二回軍縮特別総会、八八年に第三回軍縮特別総会をひらく。

こうしたなかで、新宗連は、八二年の第二回特別総会にむけて、「核兵器廃絶・世界の軍縮推進」署名活動を展開した。この署名運動では、新宗連加盟教団の信徒・会員だけではなく、広く日本国民に呼びかけ、署名は総数三、七三三万三、六九四人にたっした。じつに、国民のほぼ三人に一人が署名したことになる。

一九九〇年―二〇〇〇年代

一九八九年一一月九日、東西ドイツ分断の象徴として二八年間そびえ立っていた、ベルリンの壁が崩壊した。翌月には、イタリアのマルタ島沖で米ソ両国の首脳会談が開かれ、第二次世界大戦後の東西対立に終止符がうたれる。さらに九〇年一〇月には、東西ドイツの統合が実現。だが、冷戦の終焉は新たな紛争の勃発をひきおこし、一九九一年一月、湾岸戦争が勃発した。また、世界各地で民族対立・地域抗争が激化し、世界は新たな紛争の時代に突入したのである。

一九九〇年代に入ると、核戦争による脅威は一九七〇年代ほど叫ばれなくなった。米国は軍事的に圧倒的に優位に立ったが、世界状況が見えにくくて捉えにくいなか、世界各地で民族対立・地域紛争が頻発するようになった。

ベルリンの壁が崩壊する三年前、一九八六年一〇月二七日、ローマ教皇ヨハネ・パウロ二世が世界の宗教指導者に「ともに祈る」ことを提唱し、「世界平和祈りの集会」がイタリアのアッシジでもたれ、これが契機となり、世界各地でつぎつぎと「祈りの集会」が開かれるようになる。これらの集会の特徴は、「平和を祈る」「祈りを捧げる」という、あらゆる宗教に共通する行為であり、このことが多くの宗教が「対話の広場」に参加するきっかけとなった。

このような祈りの集会は、ＷＣＲＰの世界大会などのように長期間にわたる準備・資金・

スタッフの必要がないことから、一九八七年以降、聖エディディオ共同体(本部・イタリア)などの宗教団体が単独で主催し、諸宗教の交流・対話への道をひらいてきている。

アッシジでの祈りの集会後、日本では八七年八月、京都と比叡山延暦寺を会場に「比叡山宗教サミット」が開催された。これはアッシジの「世界平和祈りの集会」に参加した天台座主の提唱によるもので、比叡山では毎年八月に祈りの集会が開催され、また、一〇周年・一五周年の節目には記念シンポジウムが開催されている。

一九九三年一一月には、大本が「第一回世界宗教者の祈りとフォーラム」を京都で開催し、一七ヶ国・一〇〇あまりの宗教の代表三〇〇人以上が参加した。二日間の討議をへたあと、「宣言文」を採択し、第二回フォーラムは二〇〇三年一一月に京都でもたれた。

湾岸避難民救援実行委員会

第二次世界大戦終了後から今日までつづく世界の問題の一つとして、「中東和平」がある。一九四八年五月のイスラエル建国とこれにつづくパレスチナ難民の流出とがもたらした、イスラエルとアラブ諸国との対立には、いまだに解決の糸口はみえてこない。

こうしたなかで、宗教間対話をとおして日本の宗教者が中東での平和に一石を投じた実践として、「湾岸避難民救援実行委員会」(ＧＥＲＥＣ)[21]の活動をあげることができる。

一九九〇年八月の、イラクによるクウェートへの軍事侵攻に端を発した湾岸戦争は、一九九一年一月にはじまり、約一ヶ月間で米国を中心とする多国籍軍の勝利で終結した。この湾岸戦争で、日本政府は戦争避難民の移送を目的に自衛隊機の中東への派遣を検討するが、これに対し、「民間チャーター機での移送」を提案し実施したのが、GERECである。

GERECは、日本カトリック司教協議会・日本キリスト教協議会・新宗連の三団体が中心となったもので、一九九一年一月からわずか二ヶ月で総額三億七〇〇〇万円あまりを勧募したうえに、自衛隊機ではなく民間のチャーター機で、合計一一、八九五人の戦争避難民をスーダン・イエメン・エジプト・フィリピンなどへ移送した。また、エジプト・レバノン・ヨルダン・パレスチナの四地域で二五あまりの救援プロジェクトを推進し、さらに、九一年八月から九二年八月までのあいだ、四回にわたって「中東訪問団」を派遣した。

この救援活動のきっかけとなったのは、ロイヤル・ヨルダン航空からの次のような一本の電話である。

湾岸戦争の避難民救援にヨルダン航空機を使用すると、自衛隊機より経済的で安全である。ヨルダン航空の操従士は、中東の空路と気象状況を熟知している。一週間あればチャーター機を準備できる。アンマン~カイロ間の往復チャーター便で七五〇万円。

右の提案が、ロイヤル・ヨルダン航空日本総代理店のマネージャーからカトリック大阪司教区にもたらされたのは、一九九一年一月三〇日のことである。翌三一日、「湾岸避難民救援実行委員会」の設置が決定され、日本カトリック司教協議会・日本キリスト教協議会・新宗連が参加した。

当時、日本政府は自衛隊機による戦争避難民の移送を検討していたが、GERECは、石原内閣官房副長官と面会し、民間チャーター機による戦争避難民の移送を政府に申し入れた。石原副長官は「チャーター機による移送は、日本政府ではなく、国際移住機構（IOM）に提案すべきである。IOMへは、日本政府から外交ルートを通じて連絡しよう」と述べ、民間募金による民間機での避難民移送に理解をしめした。

一九九一年の二月に入り、全国で街頭募金が実施された。「自衛隊機にかわり、チャーター機を飛ばそう！」。この呼びかけに応え、募金は日をおうごとに増え、二月末には二億円を突破。これにより、約二ヶ月のあいだに、スーダンに二七五人、イエメンに一四〇人、モーリタリアに一〇人、フィリピンに六二人、インドに二一七人、スリランカに九一人、ベトナムに二一〇〇人、合計二八九五人の戦争避難民を移送することができた。

GERECのもとに集まった約三億七〇〇〇万円の募金のうち、避難民の移送に用いられたのは一億八〇〇〇万円。残りの約一億九〇〇〇万円については、湾岸戦争で直接・間接の被害を受けた人びとの生活支援・自立支援の活動として支出された。しかも、次のように、中東地域の宗教組織や病院などを通じての救援活動であった。

・エジプト………カトリック救援奉仕団、コプト福音教会社会福祉会、開拓農民協同組合。
・レバノン………教皇庁パレスチナ救援事務所。
・ヨルダン………パレスチナ病院、ヨルダン・カリタス、中東キリスト教協議会。
・パレスチナ……パレスチナ農業支援委員会、アラブ正教会連合クラブ、ナザレ友愛財団、女性の育児協会、アハリ・アラブ病院、ノートルダム・エルサレムセンター、ナザレ病院など。

これらのうち、三つについて紹介しよう。

①エジプトのコプト福音教会社会福祉会は、イラクやクウェートからの帰還民を対象に、職業訓練などを行なった。ほとんどが貧しい家庭の出身者であり、男性には機械工・大工の訓練、女性には縫製・刺繍の指導をおこなった。識字率が低いうえに、女性の社会的地位が低いため、女性の教育にも力を入れる。同社会福祉会は、約三〇〇人の帰還民を対象に、ミツバチ・牛・羊・ウサギ・鶏などを貸与し、生活の自立支援活動などを展開した。②レバノンの教皇庁パレスチナ救援事務所は、イラクに出稼ぎに出ていたレバノン農民に対して農機具・種子・苗の貸与などの支援活動を実施し、③パレスチナ農業支援委員会は、女性の家内工業の支援・小額貸付・植林などの活動を行なった。

ＧＥＲＥＣは、戦争避難民の移送および戦争被災者の救援活動のほか、中東地域の宗教・文化・歴史に理解を深めることを目的とし、一九九一年八月から二年のあいだに、合計四回の中東訪問団を派遣する。このとき、延べ六二日間にわたって、青年・主婦など八四人が参加した。主な訪問地は、エジプト・イスラエル・パレスチナ・ヨルダン・レバノンなどで、実行委員会が支援した各プロジェクトを視察するとともに、各地のプロジェクト関係者との交流をかさねた。

湾岸戦争時におけるＧＥＲＥＣの活動には、宗教間協力による実践活動の確実な変化を読みとることができる。ＧＥＲＥＣの活動は、日本のカトリック教会が中心となって展開した活動だが、それはローマ教皇庁からの指示によるものではなく、神父や信徒たちの間からわきおこり、多くの宗教団体をまきこむかたちで救援活動が展開されたのである。バチカンによる上からの「平和」ではなく、ローマを遠く離れた日本の信徒たちによる、草の根からの「平和構築」の試みがなされた点が特筆される。すなわち、政府間の外交交渉による平和構築ではなく、宗教者や市民の側からの平和活動が確実に避難民に伝わっていくという構造である。それは、トランスナショナリズム(民際主義)に基づく平和活動であり、政府外交ではなく、「民」と「民」との直接的な救援活動が可能となって、実践されるようになってきたのだ。

拡大する宗教間対話

ＷＣＲＰは、湾岸戦争以降、ユダヤ教・イスラム教・キリスト教間の対話促進を呼びかけていた。そうしたなか、一九九二年一一月、ＷＣＲＰ日本委員会はパレスチナ問題の平和的解決をめざし、ＷＣＲＰ中東会議を東京と京都で開催。この会議は、九一年の七月にイタリアでＷＣＲＰ中東会議を開いたおり、中東の参加者から出されていた「ぜひ日本の宗教者に三宗教間の相互理解への仲介の労を取っていただきたい」との要望を受けて、実現したものである。

中東のそれぞれの国では直接の話合いの場が確保できない三宗教の指導者が、一週間にわたり日本で意見を交換し、参加者はそれぞれが帰国後も対話を継続していくことを確約した。日本ではそれほど知られていないけれども、この対話は、一九九三年の「オスロ合意」の下地となっていった。

冷戦終結後、東欧やアフリカでは民族対立や地域紛争が頻発・拡大していくが、こうしたなかで、ＷＣＲＰ日本委員会は国際常設委員会と歩調をあわせ、次にみるように、旧ユーゴスラビアとアフリカのシエラレオネにおいて紛争和解の活動を展開した。

①一九九六年、ＷＣＲＰ国際委員会は、三年あまりの内戦によって壊滅的な打撃を受けた

ボスニア＝ヘルツェゴビナの社会再建に向けて「ボスニア・プロジェクト」を開始する。国際常設委員会の「紛争和解委員会」が、サラエボに常駐事務所を設置し、イスラム教・カトリック・セルビア正教・ユダヤ教の四宗教間の対話促進をサポートした。同年、四宗教からなる任意組織である、ボスニア＝ヘルツェゴビナ諸宗教対話評議会(IRC)が結成される。これにより、ラジオ放送局が開設され、それを使っての宗教間の相互理解にむけた活動が促進され、IRCの結束は各自治体にまで影響をもたらした。

②シエラレオネでは、一九九一年三月頃からダイヤモンド鉱山の支配権をめぐり、反政府勢力・革命統一戦線(RUF)のゲリラ闘争がはじまる。九二年四月、九六年一月のクーデターの後、九六年二月の大統領選挙で、アハメッド・デジャン・カバー氏(イスラム教徒)が大統領に当選。一一月に、カバー大統領とRUFとの間で包括和平協定が調印された。しかし、RUFは調印を無視して闘争をくりかえし、九七年五月、コロマ少佐が軍事クーデターをおこして政権を奪取。このあとも、RUFによる残虐行為は九九年一月、停戦協議がもたれるまで続いた。こうした中で、WCRP国際常設委員会はシエラレオネ諸宗教間対話評議会(IRCSL)を設置。イスラム教・カトリック・聖公会・ユダヤ教が、武装解除・戦闘員の社会復帰・人権擁護などの分野で、各宗教がかかえる共通の問題解決にむけて対話をかさね、今日の安定を築いた。二〇〇二年二月には、カバー大統領によって武装解除の完了宣言がな

された。

これら二つの活動は、地域対立と内戦が激しくなり「国家＝政府」が機能しない困難な状況において、諸宗教者が対話をとおして平和回復への道を構築していった事例として位置づけることができる。

二〇世紀の終わりから二一世紀の初頭にかけて、諸宗教の祈りの集いやサミットやフォーラムも開催された。二〇〇〇年九月には、ニューヨークの国連本部を主会場に「ミレニアム世界平和サミット」がひらかれた。このサミットは、西暦二〇〇〇年を記念し、第五五回国連総会にさきだち、コフィ・アナン国連事務総長の呼びかけで開催されたもので、世界から約一〇〇〇人の宗教指導者が参加。サミットは、四日間の討議のあと「世界平和宣言」を発表したが、このなかで、世界が直面している紛争・貧困・差別などの諸問題に対して、世界の宗教指導者が祈り・瞑想・人間愛・慈悲・寛容などの価値に重きをおき、宗教間対話をとおして平和への活動をつみかさねていくことを訴えている。

一方、日本では二〇〇〇年五月に、「子どものための宗教者ネットワーク（GNRC）」第一回フォーラムが、「世界のこどもの未来」をテーマに渋谷でひらかれた。これは、世界各地で子どものための諸活動にたずさわる宗教者間のネットワークを対話と協力をとおして充実させるもので、妙智會教団が母体となり、「ありがとう基金」の呼びかけで始まったものである。第一回フォーラムには、三二ヶ国から一三六人が来日、約二〇〇人が参加した。三日間の討議のあと、七つの分野への行動計画を盛り込んだ「宣言文」を採択。同フォーラムは四年ごとにもたれ、二〇〇四年五月、第二回フォーラムがジュネーブで開催された。

†

以上、対話をとおしての宗教間協力が世界平和の実現にむけて、堅実な歩みをすすめていることを紹介した。

宗教間協力は、一九三一年のエディンバラ宣教会議で表明された有名なモットー「教理は分かつが奉仕は一致させる」を地でいく性格のものである。諸宗教がそれぞれに異なる教えや教理をもちだして話し合いをすれば、諸宗教は対立してしまう。だが、何か人類のためになる共通の目標を定めて、それに向かって諸宗教が協力しあうことは、諸宗教の信者のみならず、世界中のすべての人びとのためになることである。こうした宗教間協力がますます展開されることを願ってやまない。

しかしながら、あえてここで言いたいことがある。たしかに、「教理は分かつが奉仕は一致させる」というのは賢明なモットーである。しかし、それは七〇年以上も昔のモットーである。グローバル化がすすんでいる現代においては、「宗教間協力→宗教間対話→さらにすすんだ宗教間協力↓さらに深まった宗教間対話↓さらにもっとすすんだ宗教間協力↓さらにもっと深まった宗教間対話……」という螺旋状の進展を実現することはできないか、と言いたいのだ。もちろん、宗教間協力の現場で活動する人たちには、こうした理想主義は相手にされないかもしれない。しかし、宗教間対話と宗教間協力との理想的な関係として、ここでこうした進展を呈示しておきたい。

❖1　金井新二『現代宗教への問い』教文館、一九九七年、一〇〇頁。
❖2　マーク・ユルゲンスマイヤー(阿部美哉訳)『ナショナリズムの世俗性と宗教性』玉川大学出版部、一九九五年、一九九―二〇〇頁、参照。
❖3　同書、一九九―二〇〇頁。
❖4　同書、二〇〇頁、参照。
❖5　宗教戦争や民族紛争の諸事例を分析し、それらの構造を究明しようという意欲的な研究もある。黒川知文「宗教戦争の本質構造――宗教と民族主義」(日本宗教学会編『宗教研究』第三四五号、二〇〇五年)二六六頁。なお、この論文の趣旨は次のようなものである。近代以降におきた諸宗教戦争は、宗派対立型・教派対立型・政治対立型に類型化することができる。また、宗教戦争の本質構造は、社会的危機・経済的危機・政治的危機・宗教的危機などの危機状態になったとき、宗教に民族主義が結合して排他的教説が採用されると、排他的戦争へと変容することにある。さらに、民族紛争における宗教の要素は、宗教戦争の宗教の要素とはかなり異なっている。

❖6 以下の議論は、次の著作にもとづいている。マーク・ユルゲンスマイヤー(古賀林幸・櫻井元雄訳)『グローバル時代の宗教とテロリズム――いま、なぜ神の名で人の命が奪われるのか』明石書店、二〇〇三年、第八章。

❖7 同訳書、一三八頁。

❖8 同訳書、一三八―一三九頁。

❖9 同訳書、一四二頁。

❖10 池内恵「イスラーム的宗教政治の構造」(岩波講座「宗教」第八巻『暴力――破壊と秩序』岩波書店、二〇〇四年)一二六―一三〇頁、参照。

❖11 石井公成「宗教者の戦争責任――市川白弦その人の検証をとおして」(前掲『暴力』)二三六―二三七頁、参照。

❖12 サミュエル・ハンチントン(鈴木主悦訳)『文明の衝突』集英社、一九九八年、第一〇章・第一一章、参照。

❖13 同訳書、四〇九―四一〇頁。

❖14 同訳書、三八六頁。

❖15 ユルゲンスマイヤー、前掲『グローバル時代の宗教とテロリズム』四〇〇頁。

❖16　稲垣久和「文明・宗教間対話とシャローム公共哲学」（公共哲学ネットワーク編『地球的平和の公共哲学』東京大学出版会、二〇〇三年）参照。
❖17　山脇直司『公共哲学とは何か』ちくま新書、二〇〇四年、一五六―一六二頁、参照。
❖18　町田宗鳳「平和のメッセージ」（前掲『暴力』）二七〇頁。
❖19　斎藤謙次「平和を求める宗教間対話の実践と課題」（星川啓慈ほか『現代世界と宗教の課題――宗教間対話と公共哲学』蒼天社出版、二〇〇五年）。
❖20　世界宗教者平和会議については、次の資料がくわしい。世界宗教者平和会議日本委員会編『世界宗教者平和会議・会議録』世界宗教者平和会議日本委員会、一九七二年。
❖21　湾岸避難民救援実行委員会については、次の資料がくわしい。太田道子『ドキュメント中東救援』岩波書店、一九九二年。

第5章

宗教間対話における真理と言語の問題

1　宗教における「真理」

宗教の「真理主張」

われわれは往々にして言葉の意味を明確にしないまま使用することが多い。このこと自体は間違っているのではない。日常生活において、いちいち言葉を定義したうえで話し合いをするとすれば、コミュニケーションなどおぼつかないであろう。宗教間対話のばあいでも、「真理」とは何かを定義してから話を始めるわけではない。

「真理」といわれるものでも、さまざまな種類のものがある。実在するものとそれを表現した言葉との対応が問題にされる「対応的真理」、ある体系のなかでの整合性が問題にされる「整合的真理」、真理は金塊のように発見されるものだとされる「発見的真理」、真理は芸術作品のように創られるものだとされる「創造的真理」、この世に内在するとされる「世界内在的真理」、この世を超越するとされる「世界超越的真理」などである。くわえて、宗教では「体験」というものが大切な要素であり、宗教には「体験的真理」もあるのだ。宗教においては、これらすべての真理が複雑にからんでいる。

とりわけ宗教の場合には、「真理」という言葉はやっかいである。なぜならば、宗教／信者によって「真理」が異なるからだ。また、諸宗教は「真理主張」なるものをすることで知られる。それゆえ、諸宗教はさまざまな「真理」を主張しているが、それらのうち「真理」は一つなのか、それとも複数の異なった「真理」が存在しているのか、などといった問題が学問的に議論されることもある。

また、第1章で述べたように、聖書では「霊は活かし、文字は殺す」といわれ、仏教では「不立文字」「言詮不及」といわれ、多くの宗教では「究極的なものについては〈～ない〉という否定的表現を使用して語る以外にはない」などといわれる。およそ、宗教の「真理」(核心・奥義などと呼ばれるものもふくめる)は、言葉による記述を峻拒するようにみえる。

宗教の真理主張と排他的傾向や非寛容さが結びつくと、強烈な自己主張をおこなうようになる。ドイツの神学者カール・バルトは、「宗教」と「信仰」を区別し、「キリスト教は宗教ではない」とした。つまり、キリスト教は諸宗教のうちのたんなる一つではない、それらと同列に並ぶものではない、というわけだ。一般にいわれるところでは、バルトの影響を受けたキリスト教神学は排他的傾向が強い。さらに、ドイツの福音主義神学では「キリスト教は、これらの諸宗教が何と名のっていようとも、これらの芯の髄まで押し入るべきである。そして、どんなことが起ころうとも、髪の毛ほどもそれらの宗教の〈悪鬼〉を容認することなく、唯一の神〔キリスト教の神〕についての福音を告知すべきである」[1]とさえ言われることもある。

これに対して、ボスニアの民主運動イスラム党のアリヤ・イゼトベゴビッチは、『イスラム宣言』(一九七〇年)で、「イスラムは非イスラムのシステムとは両立しない。イスラムの宗教と非イスラムの社会・政治制度のあいだには平和も共存もありえない」[2]とまで主張している。くわえて、イスラム研究者の中田考によれば、イスラムはその普遍主義の論理的帰結として「独占的真理要求」を掲げるのだが、「異教徒の存在の許容は、あくまでも悟りの遅い愚者への猶予といった性格のものであり、異教徒の信仰がそれ自体価値を有するものとして尊重されるわけではない」という指摘をしている。[3]

右のようなキリスト教やイスラム教を始めとして、諸宗教は「自分たちの宗教の真理のみが唯一の真理であり、ほかの宗教の真理は真理でありえない」とみなしているわけだ。こうした見方では、諸宗教の間に調和がもたらされることはありえない。一つの真理主張が正しければ、他はすべて間違いとなるのだから。

宗教内在的真理

しかしながら、「真理はおのおの宗教に内在しているものだ」と考えることもできる。いいかえれば、ある宗教の内部で生じる諸言説が整合性をもった体系を構成しているならば、それらの言説は真理なのだ。すなわち、ある言説が全体的に関連しあった脈絡と整合性をもつとき、その言説はその体系内部で真理となるのである。この「全体的に関連しあった脈絡」には、宗教以外の言説のみならず、当該の宗教と関連する「生活形式」もふくまれている。たとえば、キリスト教徒にとって「神は存在する」という言説は、キリスト教徒としての話し方・考え方・感じ方・振る舞い方などの総合的なパターンと合致するときにかぎって、真理となる。同じく、仏教徒にとって「一切は空である」という言説は、仏教徒としての話し方・考え方・感じ方・振る舞い方などの総合的なパターンと合致するときにかぎって、真理となる。

　これに対して、ある宗教的言説が誤りとなるのは、それが発せられた状況において、その言説自体および言説の用いられ方が、その宗教が全体として教えていることや右の総合的なパターンと整合性をもたないときである。たとえば、キリスト教の場合には、ある言説が「神は存在する」「あなたの隣人を愛せよ」という教えと矛盾するときであり、仏教の場合には、ある言説が「一切は空である」「自我に執着してはならない」という教えと矛盾するときである。また、「キリストは主である」が異教徒の頭骸骨をかちわる許可をあたえるために用いられたなら、「諸行無常」が殺人を成功させるための呪文として使用されたなら、それらの言説の使用法は誤りである。なぜならば、こうした言説の使用法はキリスト教や仏教の教えと合致しないからだ。

　以上のように、「**おのおのの宗教に真理が内在する**」**という考え方は、一方で**「**宗教の真**

理の複数性」を肯定するけれども、他方ではおのおのの宗教に「整合性」を要求する。第3章で紹介したプランティンガを例にあげながら、もう少し宗教における言説の整合性について説明しよう。

プランティンガの整合性の追求

一七―一八世紀に生きた哲学者のライプニッツによれば、神はいかなる世界でも創造できたが、われわれが現実に生きている「この世界」を創造した。これが「最善の世界」である。しかし、世界規模でおこる種々の自然災害・戦争・テロなど、また個人をおそう事故・病気・犯罪・将来への不安などで、この世は満ちみちている。こうした人間存在をおびやかすものは、自然がひきおこすものと、人間がひきおこすものとに二分できるが、神学や宗教哲学の領域では、これらを一括して「悪」とよぶ。

このような悪で満ちあふれている世界に住んでいるわれわれであれば、フランスの作家ヴォルテールのように問うてみたくなる――「この世界が〔神が創造しえた〕あらゆる可能世界のなかで最善のものであるとしたら、ほかの世界はいったいどのような世界なのだろうか〔目もあてることのできないくらい悲惨な世界ではないのか〕」と。[❖4] 神が全能で人間を愛するのならば、どうしてもっと住みやすい平和な世界を創造しなかったのか。こうした疑問が湧きでてきても当然である。

じつは、この種の疑問は、紀元前に生きたエピクロスの時代からあり、英国経験論のヒュームをへて、現代のジョン・マッキーにまで受け継がれてきている。そして、神やキリスト教を信じない理由の一つとされてきた。哲学者をもちださなくとも、多くの現代人にとっても、この論法は素朴ながらキリスト教にたいする筋のとおった疑問となろう。

この疑問の要点は、次の三つの命題が矛盾している、ということである。

①神は全能である。

②神は人間を愛している。

③この世には自然による悪や道徳上の悪が数おおく存在している。

もし神が全能でどのような世界でも創造することができ、人間を愛しているのならば、もろもろの悪が充満しているこの世界を創造せず、悪の存在しない天国のような住みやすい別の世界を創造したことだろう。よって、現実世界には種々の悪が存在しているので、「神は全能でない」か「人間を愛していない」かのいずれかである、または、その両者である。そうだとすれば、その結果はキリスト教が教えていることと矛盾する。

たとえこの世に悪が存在しているとしても、この世界が最善の世界だとする人びとは、「神には悪を黙認する理由がある」ことを示そうとしてきた。しかしながら、どの議論にも難点がある。それでも、論理的には、「神がなぜ悪の存在を黙認するのか」をうまく説明できないことが、ただちにそうした理由がないことには結びつかない。ひょっとすると、悪の存在を許容する充分な理由があるかもしれない。現代の様相論理学をリードする一人であるプランティンガは、まさに、この理由を説明しようとしている。簡潔にいえば、彼は、次にみる「集合A」が矛盾しないことを示そうとするのだ。以下では、彼の論証の一部を紹介しよう。[5]

まず、先の三命題を少し書きかえ、これを「集合A」とよぶことにする。もちろん、これらの三命題は、キリスト教信者のほとんどが容認するものである。

①神は存在する。
②神は全知・全能・全善である(全善には人間を愛することもふくまれる)。
③この世には自然による悪や道徳上の悪が数おおく存在している。

集合Aが無矛盾であることを示すためには、②と③が整合的であることを論証しなければならない。そのためには、②と整合的でかつ②と一緒になって③を含意する命題ないし複数の命題の連言をみいだせばよい。それが命題④である。

④神は悪をふくむ世界を創造し、かつ、そうすることには充分な理由がある。

ここで、二つの命題からなる「集合B」を考える。

②神は全知・全能・全善である。

④神は悪をふくむ世界を創造し、かつ、そうすることには充分な理由がある。

もし集合Bが整合的ならば、集合Aも整合的であることになる。

そこで問題は、どのようにしたら集合Bが整合的であることを論証できるか、である。そのためには、②と整合的でかつ②と一緒になって④を含意する命題ないし複数の命題の連言をみいだせばよい。それが命題⑤である。

⑤存在する悪はすべて道徳上の悪であり、かつ、道徳上の善はふくむが道徳上の悪はふくまない世界を創造することは神の力がおよぶ範囲にはなかった。

⑤を受け入れ可能にするための条件は、次の二つを正当なものとすることである。

(a)存在するすべての悪は道徳上の悪であること(またはその可能性)。

(b)たとえ全能の神であっても創造できない世界があること(またはその可能性)。

このような論証のプロセスが延々と続く。読者はすでに辟易しているだろうから、ここでやめよう。

しかし、一点だけ補足したい。さきにもふれたが、悪には、自然災害などの「自然による悪」と、犯罪や戦争など人間がひきおこす「道徳上の悪」との二種類ある。けれども、(a)に述べられているように、「前者を後者に還元できるのか」という疑念がわく。だが、プランティンガは、自然による悪はサタンとその仲間がもたらした、という可能性をもちだすのだ。サタンとその仲間は「人間」ではないが「人格をもつ存在者」であるため、道徳上の悪をひきおこすのである。サタンとその仲間の存在を信じない人は「それはおかしい」と主張するにちがいない。しかし、プランティンガにいわせれば、「その見解は、論理的に、サタンとその仲間の存在を否定することはできない」のである。

筆者はキリスト教信者ではないので、このように、自然による悪を道徳上の悪に還元することには賛成できない。しかしながら、プランティンガの議論の枠組みのなかにはいると、彼の論証はリアリティをもってくる。たとえば「日本科学哲学会」という学会があるが、その学会誌で数頁にわたってプランティンガの「神の存在証明」を吟味した、論理学者の重永哲也の判定は「評者としては本書『神と自由と悪と』(註5参照)に対しひとまず肯定的な評価を下しておきたい[6]」というものであった。

だいぶ回り道をしたが、大切なのは、**自分が関与している宗教の体系に整合性があることを信じている信者は**、**一見では体系に整合性がないと思われる場合**、**その矛盾を克服しようとする態度**をとることである。プランティンガは一方では論理学者であり、他方では熱烈なカルヴァン派の信者である。彼のなかでは、火のように熱い信仰心と冷静な論理的思考が結合しているのだ。それが右のような議論を生みだすのである。

有名な「不合理ゆえにわれ信ず」とは、教父の一人であるテルトリアヌスの言葉である。その言葉は深い思索と体験によって裏打ちされているのだろう。だが、自分が信じている宗教の教理が不合理・不整合であるよりも合理的・整合的であるほうが、一般の信者にとっては信仰をふかめやすいに違いない。合理性・整合性はさまざまな方法で求めることができる。たとえば、悪の存在の場合には、論理学的議論によらずとも、「この世に存在する悪は、神が人間にあたえた試練であり、それに耐えてそれを乗りこえることによって、人間はよりすばらしい存在になるのだ」という説明でもかまわない。いずれにせよ、宗教の真理の複数性を認めることはそれでいいのだが、おのおのの宗教には整合的な体系が要求されるということを心にとどめておこう。

それでも、「やはり宗教の言説には矛盾があるではないか」という読者もいよう。その場合、むかし中学校か高等学校でならった「階差数列」を思いだすといいだろう。一見したところ、ある数列には規則がないと思っても、その階差数列をとれば、規則が発見されることがある。それでも規則を発見できないのなら、もう一次元上の階差数列をとればよい。このようにして、階差数列をさぐっていけば、最初は「規則がない」と思われた数列にも規則が見出せるに違いない(もちろん、どうしても規則を見出せない場合もある)。

ダイナミックな真理

これまで宗教の真理についていろいろと論じてきたが、ここで、宗教の真理をスタティック(静的)なものとしてではなく、ダイナミック(動的)なものとして捉えることを提案したい。おのおのの宗教の信者が信じている宗教の真理は、一般には、固定的で変わらないものとみなされることが多いであろう。真理がいつも変わり続けているのでは、それは真理ではないことになる。「真理とは場所や時間を超越して不変のものだ」という見解があるからだ。しかし、必ずしもそう考える必要はまったくない。真理を、時間を超越して常に燦然と輝くもの、として捉える必要はないのである。

いうまでもなく、信者が自分の宗教伝統をふまえることから宗教間対話が始まるのであり、自分の宗教の真理を信じることが基本である。ただし、それに執着しすぎてはいけない。もう少し柔軟性のあるものとして真理をとらえてはどうか。つまり、自分が信じている真理が変化する可能性や、その真理をこれまでとは異なった視座から見なおす姿勢を排除しない柔軟な心構えをもって、宗教間対話に臨めばいいのではないか、ということである。これについては、第6章で詳しく論じることにしたい。

2　宗教をかたる「言語」

言語の機能

言語はいかなる働きをするのか。いざ改めてこのことに思いをめぐらすと、すぐには答えが出てこない。われわれにとって、言語の使用は余りにも自明なこと・平凡なことだからである。せいぜい「コミュニケーションの手段」というのが一般的な回答だろうか。

ところで、現代哲学の趨勢をおおきく変えたルートヴィヒ・ウィトゲンシュタインという哲学者は、彼の後期哲学の代表作である『哲学探究』(原著出版一九五三年)において、言語使用(正確には「言語ゲーム」)の多様性を枚挙している。一般にいわれるところによると、ウィトゲンシュタインは前期哲学においては「言語の機能は唯一であり、〈世界の状態を写し取る〉ことだ」と考えていた。しかし、時を経るにつれて、言語の働きはそれだけではないことを自覚し始めた。言語はいわば「道具」のようなものであり、道具にはいろいろなものがあり、一つの道具の使用方法でもひじょうに多様であることなどを、認識しはじめたのだ。言語使用の多様性について、ウィトゲンシュタインは次のように語っている。

命令する、そして、命令にしたがって行為する。

ある対象を熟視し、あるいは計算したとおりに、記述する。

ある対象をある記述(素描)によって構成する。
ある出来事を報告する。その出来事について推測を行なう。
ある仮説を立てて、検証する。
ある実験の諸結果を表や図によって表現する。
物語を創作し、読む。
劇を演ずる。
輪唱する。
謎をとく。
冗談を言い、噂をする。
算術の応用問題を解く。
ある言語を他の言語へ翻訳する。
乞う、感謝する、罵る、挨拶する、祈る。❖7

もちろん、これが言語使用のすべてではなく、言語には無数の使用方法がある。われわれの生活は、こうした多種多様な言語使用によって成り立っているのだ。言語なしにわれわれの生活はなりたたない。芸術作品を生み出すことも、ロケットを飛ばして天体に人を送りこむことも、サッカーの試合をすることも、宗教を信じることも、あらゆることすべてが、言語なしには行なえないのである。

「語りえないもの」としての宗教

前項では、「あらゆることすべてが、言語なしには行なえない」と論じた。けれども、またくり返すが、聖書には「文字は殺し、霊は生かす」とあり、仏教では「不立文字」「言詮不及」といわれ、おおくの宗教では「もっとも重要な事柄については〈〜ではない〉という否定的言辞でしか語れない」とされるのであった。もしもこれらが事実だとすれば、宗教との関わりのもとでは、言語の機能はかなり制限されることになる。いや、宗教のもっとも重要な部分で、言語は無力になるような気さえする。以下では、前期ウィトゲンシュタインの思索を手がかりに、宗教の「語りえない」側面について考察したい。

ウィトゲンシュタインは、前期の哲学においては、神・宗教・絶対的価値についてはは「語ることはできない」とし、前期の代表作『論理哲学論考』[8]（原著出版一九二二年、以下『論考』）を、「語りえぬものについては、沈黙しなければならない」という言葉で締めくくった。そして、その後も、「宗教的な事柄は語りえない」という見解を保持しつづけた。

宗教間対話で使用される言語にも、さきに挙げた多様な言語使用とおなじく、多様性がある。しかし、宗教の核心・真理・奥義といったものについて対話が及ぶとき、そこには一つの難問がある。すなわち、「そうしたものは言語で表現できるのか」ということである。宗教の核心・真理・奥義といっても、宗教者の内的体験にかかわるもの、世界や人間の在り方にかかわるもの、神や絶対的価値など超越的な存在にかかわるものなど、さまざまであろう。だが、ウィトゲンシュタインの「人の内的体験・絶対的価値・神などの超越的なものには言語は到達できない」という認識は知っておいてよい。彼の「言語と宗教」の関係についての見解は、昔から世界のどの地域にもある、広い意味での「否定神学」(宗教の核心・真理・奥義といったものは言語では語れないとする立場)につらなるものである。

ウィトゲンシュタインの『論考』はそのタイトルからもわかるように「論理学」の本である。その内容のほとんどが、言語が世界を写し取ることにかかわる「写像の理論」や命題の結合の仕方についての「真理関数」など、論理学に関する論述で埋め尽くされている。しかし不思議なことに、その最後の部分では、短いながら、世界の意味・価値・宗教・倫理・生の謎・神などに言及されている。いくつか引用してみよう。

世界の意味は世界を超えたところに求められるに違いない。…世界の内にはいかなる価値も存在しない。(六・四一、傍点原著者)

倫理(=宗教)を言葉になしえぬことは明らかである。(六・四二一)

時間・空間のうちに生きる生の謎の解決は、時間・空間のかなたに求められる。

（六・四三一二、傍点原著者）

神は世界の中には現われない。（六・四三二、傍点原著者）

語りえぬものについては、沈黙しなければならない。（七）

ウィトゲンシュタインが『論考』で行なったことは何なのか。人間が言語で表現しうる領域と、言語表現を超越する語りえない領域とを、峻別することだったのか。ルートヴィヒ・フォン・フィッカーという雑誌の編集者に宛てた書簡によれば、ウィトゲンシュタインは「今日、多くの人びとが駄弁を弄しているあらゆる事柄について沈黙し、このことにより、倫理的〔＝宗教的〕な事柄に確固たる位置をあたえた」[9]という。つまり、宗教や倫理など語りえない事柄について語っている人びとに対して、「君たちは無意味なことを述べている」として彼らを黙らせ、このことによって、宗教や倫理を手付かずのものとして護った、というのである。

さらに一九三〇年に、論理実証主義者のフリードリヒ・ヴァイスマンには、こうも述べている。

語ることは宗教にとって本質的なことだろうか。私ははっきりとある宗教を心に思い浮かべることができる。だが、その宗教には教理がなく、それゆえ、そこでは何も語られない。明らかに、宗教の本質は語られるということとは全く関係がないのである。[10]

以上のようなウィトゲンシュタインの宗教をめぐる見解は、宗教間対話にたずさわる人たちは重く受け止めなければならない。なぜなら、宗教間対話において宗教の核心・真理・奥義といったものについて話し合う可能性は、彼によってはじめから否定されているからだ。[11]ウィトゲンシュタインが心に思い浮かべる「宗教」には、筆者が重要視している「教理」はみじんもなく、宗教の本質は語りとは無縁だというのだ。

第1章で、言語が宗教にとっていかに重要なものであるかを力説した。「宗教は語ることのできないものである」というウィトゲンシュタインの考え方を紹介した今でも、その見解に変わりはない。彼は「語りうる領域」と「語りえない領域」との双方を眼界におさめた上で、右のような主張をしたのかもしれない。しかし、筆者にいわせれば、「語りえない領域」も「語りうる領域」があって初めて存在しうる。「宗教は語れないもの」というのにも、そのように語る言語が必要なのである。「語りえないもの」も、ウィトゲンシュタイン的言語ゲームのうちにおいてしか存在しえない。この言語ゲームを離れては「語りえないもの」も存在しえないのである。

以下では、ウィトゲンシュタインの哲学的思索から離れて、宗教学の視点から宗教をかたる言葉について考えてみよう。

日常世界と非日常の世界の往復

宗教には二つの側面があるといわれる。すなわち、日常から宗教といういわば非日常に向かう側面(日常世界からの脱出)と、その非日常から日常へと帰ってくる側面(日常世界への帰還)とである。神秘体験の場合、その非日常的な体験は長続きしないので、その体験が終れば日常世界へ舞い戻ることになる。禅でも、悟ったあとには必ず平常の世界に帰ってくることになっている。

日常世界と非日常の世界とを往復する／往復できる人にとって、この二つの世界をいかに結びつけるか、が大きな問題だ。宗教学者の棚次正和は、この問題を「非日常の日常化」と「日常の非日常化」という二つの局面から考察している。前者は「非日常的出来事(超越的霊威の示現・限界状況など)との遭遇による驚愕と動揺の中からしだいにその精髄を日常生活の節目に移しおくこと、すなわち、非日常を日常の内に組み込むこと」である。後者は「日常の出来事の中に聖なるものの恩恵や存在の神秘を観ずること」である。そして、「非日常と日常との動的交流や相互浸透を通して、日常の現実世界の量的拡大と質的深化がはかられる」という。[12]

第1章において、「宗教とは、信者の人生や世界に究極的な意味づけをする、秩序だった意味の体系である」と論じた。信者の人生や世界に究極的な意味づけをするというのは、実はこうした「非日常の日常化」と「日常の非日常化」によってもたらされるものなのだ(どちらかといえば後者によるところが大きいかもしれない)。傑出した神秘家や禅の高僧でなくとも、宗教の信者であれば、日常世界と非日常世界との往復運動・相互作用をなんらかの形で経験できるであろう。たとえば祈り(ないしこれに相当する行為)を始めて、祈ることに没頭し、それが終るとまた普段の生活にまいもどるといった経験は、ほとんどの信者にあるに違いない。こういったことでも、広い意味で、日常世界と非日常世界との往復運動といえる。

宗教をかたる言葉

宗教をかたる言葉は、日常の現実世界と宗教という非日常の世界とが切り結ぶところで生まれ、使用される。

ウィトゲンシュタインは、峻厳なる事実として、「神は世界の中には現われない」「語りえぬものについては、沈黙しなければならない」「宗教の本質は語られるということとは全く関係がない」と述べているのであった。けれどもその一方で、彼は「言い表わせぬものが存在することは確かである。それはおのずと現われ出る。それは神秘的なものである」(『論考』六・五二二、傍点原著者)とも述べているのだ!

この「言い表わせぬものはおのずと現われ出る」という表現をめぐる解釈は難しいのだが、筆者はここに、ウィトゲンシュタインの微妙な心の揺れをみる思いがする。すなわち、哲学者としては「厳然たる事実として、言い表わせぬものについて語ることはすべて無意味におちいる」と考えざるをえないのだが、宗教的人間としてウィトゲンシュタインは「神秘的なものはおのずと現われ出る」と論じることにより、神秘的なものである「神」をまったく世界の外に追いやることだけは避けたかったのではないか、と思うのだ。[13] ここでの議論と関連づければ、ウィトゲンシュタインはひょっとしたら「宗教をかたる言語は、日常の現実世界と宗教という非日常の世界とが切り結ぶところで生まれ、使用される」という筆者の見方を否定しないかもしれない……。

それはさておき、言語というものに依存しながらわれわれは生きているのだが、言語は宗教者の捉えた宗教の核心・真理・奥義などを直接そのまま他者に伝えることはできない。日本語なり英語なり中国語なり、自分が話す言語の語彙を使用しながら、その言語の文法にのっとった表現方法で、そうしたものを他者に伝えなければならない。比喩的にいえば、鯛焼きをつくるときの、鯛の形をした鉄板が言語である。そして、水で溶いた小麦粉が宗教の核心・真理・奥義などである。この鋳型によって小麦粉が「鯛」になるように、宗教の核心・真理・奥義などは言語によって表現されるのだ。

第1章で論じたように、宗教言語をふくんだ宗教伝統があって初めて、宗教の核心・真理・奥義といったもの、また霊的体験・直観された神の存在などといったものが存在しうる。けれども、こうしたものは言語化されることを峻拒する。これは「文字は殺す」「不立文字」「〈～ない〉としかいえない」という表現に象徴されている。そうしたものを言語で表現するという行為は、水で溶いた形のない小麦粉を鋳型に流し込んで鯛の形をつくることとに等しい。小麦粉は熱い鋳型に入れられることを拒否しないけれども、宗教の核心・真理・奥義といったもの、霊的体験・直観された神の存在などといったものは、窮屈な言語の型に入れられるのを拒む。その理由は、それら自体は、言語という鋳型の中に入れられると歪曲されざるをえないし、鋳型に入れられうるのは、それらのごく一部分でしかないからである。それら自体は、言語によって概念的に再構成されたものと同じではない。

したがって、宗教の核心・真理・奥義といったものの言語化の過程は、一方で、言語がそれらを整序して他者に伝達できる形に仕上げるという側面と、他方で、それら自体はみずからが型にはめられると歪曲されざるをえないがゆえに、言語化を拒否するという側面とをもっている。そして、宗教を語る人は、言語が宗教の核心・真理・奥義といったものを型にはめようとする力と、それら自体が言語化をどこまでも拒否する力という、正反対の方向にむかう二つの力が織りなすダイナミズムのまっただなかに投げ込まれていることになる。[14]

規則が違う宗教は対話できるのか

第1章の終わりで、教理を規則として捉えることの利点と弱点に言及した。その弱点とは、「宗教ごとに規則が異なるのだから、宗教間対話が困難になるおそれがある」ということであった。サッカー・バレーボール・野球・ラグビー・カバディ・カーリング・駅伝・自転車のロードレース・ドッジボール・卓球の団体戦・水泳のメドレーリレー・アメリカンフットボールなどさまざまな団体競技があって、それぞれに違った規則のもとでプレイされているが、規則が異なるスポーツの話はお互いになかなか理解できないだろうということである。

リンドベックは、教理を規則として理解する理論を標榜しながら、キリスト教内部のエキュメニズム(第2章参照)に貢献しようとしている。さらにリンドベックは、エキュメニズムに貢献することを超えて、自分の理論が宗教間対話の発展に貢献することも願っている。けれども現実には、それはたんなる願いで終っており、明確な議論はなされていない。

理論的には、リンドベックの「教理の規則理論」は宗教間対話を困難にさせる、といわざるをえない。彼の教理論から大きな影響を受けたことをみずから述べている神学者の西谷幸介も、教理の規則理論と密接な関係にある「本文内部性」(intratextuality)理論について、次のように語っている。

〔リンドベックの〕言語型理解は、各宗教の経典の教えは本文内部性すなわち自己完結的な体系性によって特徴づけられる、と言う…。ここで考慮すべき問題として出てくるのは、もし経典それ自体にその普遍性への使信が示されている場合にはいったいどうなるのか、ということである。すくなくともキリスト教はそうなのだが、そういう場合、これはかんたんには放置することのできない、熟慮を要する問題となってくる。この問題にたいして言語型理解は何か有効な回答なり示唆をもつのか、という問いが出てくることになる。[15]

これは、普遍性を要求する複数の宗教が対峙した場合、リンドベックの「宗教の言語型理解」「本文内部性」はどうなるのか、という疑問の突きつけである。すなわち、「真理は諸宗教の教典(経典)に自己完結的に内在するものだ」(本文内部性)という主張と、「自分が信じている宗教こそ普遍的な真理を語っている」(普遍性への使信)という主張とは整合性をもって両立するのか、ということである。私見では、リンドベックの理論の枠組みからは、うまい回答が見つかる可能性はない。さらにいえば、一方で、学者としてのリンドベックはキリスト教も独自の規則をもつ宗教の一つであるとしながら、他方で、キリスト教信者としてのリンドベックはキリスト教の普遍性を求めている。こうしたことは非難されるべき事柄ではない。現実問題としては、信仰をもつかなりの研究者に共通のことでもある。しかし、厳密にいえば、これは矛盾としかいえない。

宗教間協力の場合には、規則の相違はそれほど問題とならない。緊急を要するアクチュアルな課題を解決することが宗教間協力の目的であるがゆえに、諸宗教の教理・真理・体験・奥義などについて議論する時間はないし、その必要もないからである。しかしながら、「教理的な対話は止めて実践的な問題の解決に貢献すること」にシフトしつつある宗教間対話の動向(第2章参照)は、深いところで、この規則の相違がもたらす難問をクリアできていないことと繋がっているような気がしてならない。だが、宗教の教理・真理・体験・奥義などをめぐって神学的・哲学的に対話をしようとするとき、「規則の相違をどうのり超えたらいいのか」という問題をクリアしなければならないのである。

規則を超えて

規則としての教理がはらむ難問をクリアできないとすれば、われわれは近代的宗教概念が誕生する以前の状態に、つまり、普遍的な枠組みである「宗教」という概念が存在せず、個々の教えや信仰しか存在しなかった時代に逆戻りすることになる。だがもはや、是非は別として、普遍性を志向する「宗教」概念を手にしたわれわれには、これはできない。

「規則が異なる諸宗教が対話できるか」という問題は、比喩的にいえば、宗教間対話を成立させるためのいわば「土俵」(対話を成立させる共通の基盤)をどこに見つければいいのか、ということだ。本書の流れからすると、二つの道が思いうかぶ。①近代的「宗教」概念が誕生する以前の時代に遡ることと同じことだが、「そうした土俵はない／なくてもいい」と割りきる、②現代に生きるわれわれは普遍性を志向する「宗教」概念を手にしているのだから、それを宗教間対話の土俵とする。正直なところ、いずれの道を選択すべきかは、いまのところ判断がつかない。

さらに、「そうした土俵はない／なくてもいい」と断言する根拠や勇気も、反対に、「そうした土俵はある／なければならない」と断言する根拠や勇気も、筆者にはない。「土俵はない」と断言するにしては、対話はそれなりに成り立っているようにも見える。じっさいに、幾多の困難をかかえながらも、宗教間対話は世界各地でおこなわれてきているのである。これとは反対に、「土俵はある」としても、それがどういった形で存在するのかわからない。宗教間協力の場合のような「達成すべき目的・目標」といったものは、本章の文脈での宗教間対話の土俵とはいいがたい。分析哲学なら普遍的な図式を提供する言語に土俵をもとめるかもしれないけれども、概念相対主義・言語相対主義の立場に親近感をおぼえる筆者としては、そのようにも割り切れない。また、キリスト教神学者である小田垣雅也のように「聖霊の遍満する場所[16]」のごときものを宗教間対話の土俵とするつもりもない。その理由は、「聖霊の遍満する場所」のような一宗教に傾いた概念をもちだすと、包括主義におちいるような気がしてならないからである。

数年にわたって、筆者は「宗教間対話を成立させる共通の基盤はあるのか／ないのか」「あるとすれば、どこにどういう形で存在するのか」といった問題の解決に腐心したのだが、未だにこの問題をめぐってはうまい解答を見出していない。それゆえ、ブッダのように、こうした形而上学的な土俵・基盤をめぐる議論は「戯論」だとして、「無記」に徹するという対処法も思いうかぶ。また、イマニュエル・カントが『純粋理性批判』のなかで、理性の限界をしめすために、「世界に始まりがある」としても「世界に始まりはない」としてもいずれの議論も成立することを、論証してみせたことも思いうかぶ。カントは、「世界に始まりがある／ない」をふくめて、四つの命題とそれに真っ向から対立する四つの命題をならべてそれぞれの論証を試み、「定立も反定立も、同様に納得のいく明白で抗いがたい証明によって立証されうる」と結論したのであった。そうだとすると、宗教間対話を成立させる共通の基盤は、「存在する」としても「存在しない」としても、どちらでも議論を組み立てられるような気がする。もしくは、どちらをとっても何らかの不都合が生じるような気がするのである。

そこで本書では、ブッダやカントにならって、右の問題にたいする態度を決定するのは控えることにしたい。決して難問から逃げているわけではなく、熟慮のすえの選択である。さきほど、本書の流れから選択肢として二つの道をあげたが、それらをとらずに、以下では第三の道を選択することにしたい。その道とは、対話の土俵／基盤の有無をめぐる哲学的考察は考慮の外において、とにかく対話することである。

❖1 グスタフ・メンシング（田中元訳）『宗教における寛容と真理』理想社、一九六五年、一三九頁。

❖2 サミュエル・ハンチントン（鈴木主悦訳）『文明の衝突』集英社、一九九八年、四〇七頁。

❖3 中田考「イスラムにおける寛容」（竹内整一・月本昭男編著『宗教と寛容』大明堂、一九九三年）二一六―二一八頁、参照。

❖4 『西洋思想大事典1』平凡社、一九九四年、四四頁。

❖5 詳しくは、アルヴィン・プランティンガ（星川啓慈訳）『神と自由と悪と』（勁草書房、一九九七年）三一―九九頁にある「悪の問題」の議論を参照していただきたい。

❖6 重永哲也「書評――A・プランティンガ『神と自由と悪と』」（『科学哲学』第二九号、一九九五年）二一〇頁。

❖7 ルートヴィヒ・ウィトゲンシュタイン（藤本隆志訳）『哲学探究』大修館書店、一九七九年、第一部・第二三節。

❖8　『論考』の最後の部分にみえる、人生・神・祈り・宗教・神秘的なもの・絶対的価値などについての言及は、ウィトゲンシュタインが、第一次世界大戦における「ブルシーロフ攻勢」とよばれるロシア軍による大攻勢（一九一六年六月）を体験してから以降のものである。ウィトゲンシュタインが所属していたオーストリア第七軍の将兵一六〇〇〇名のうち、生還したのはわずか三五〇〇名であった。この激烈な戦闘がウィトゲンシュタインに決定的な影響をあたえ、彼は右のような主題をめぐって思索を深めたのである。

括弧内の数字は、ヴィトゲンシュタイン（坂井秀寿訳）『論理哲学論考』（法政大学出版局、一九七六年）の文番号である。

ウィトゲンシュタインの宗教的側面については、次の二冊を参照されたい。鬼界彰夫『ウィトゲンシュタインはこう考えた――哲学的思考の全軌跡一九一二―一九五一』（講談社現代新書、二〇〇三年）の第二部および第三部。星川啓慈『宗教者ウィトゲンシュタイン』法藏館、一九九〇年。

さらに、ウィトゲンシュタインの死後四二年たって発見された「幻の日記」、『ウィトゲンシュタイン哲学宗教日記――一九三〇―一九三二／一九三六―一九三七』（イルゼ・ソマヴィラ編・鬼界彰夫訳、講談社、二〇〇五年）を読めば、ウィトゲンシュタインの宗教的な側面がひじょうによくわかる。くわえて、訳者の解説である「隠された意味へ」は秀抜である。

❖9　Ludwig Wittgenstein, *Briefe an Ludwig von Ficker*, hg. G. H. von Wright, Otto Müller Verlag, 1969,

S. 35.

◆10　ウィトゲンシュタイン（黒崎宏訳）「ウィトゲンシュタインとウィーン学団」（『ウィトゲンシュタインとウィーン学団・倫理学講話』大修館書店、一九七九年）一六七頁。

◆11　この問題と関連して、星川啓慈「宗教の真理は語ることができるのか——ウィトゲンシュタインとナーガールジュナの思索を手がかりとして」（日本宗教学会編『宗教研究』第三四八号、二〇〇六年）では、ウィトゲンシュタインとナーガールジュナの思索を参考にしながら、宗教の真理についてかたる言語の限界を論じた。

◆12　棚次正和「宗教言語に関する一考察」（島薗進・鶴岡賀雄編『宗教のことば——宗教思想の新しい地平』大明堂、一九九三年）一八頁。

◆13　このことについても、星川の前掲論文を参照していただきたい。

◆14　この辺りのさらに詳しい事情については、棚次の前掲論文の二六—三二頁を参照していただきたい。ただし、筆者は棚次と全面的に同じ見解をもっているわけではない。

◆15　西谷幸介『宗教間対話と原理主義の克服——宗際的討論のために』新教出版社、二〇〇四年、八〇頁。厳密には、西谷は「教理の規則理論」と「経典の本文内部性理論」を区別し、後者を重視している（七三頁参照）。しかし、本書の文脈ではこの相違は無視して差し支えない。そして、西谷はリンドベックをのり超える視点（＝宗際倫理）を模索しているが、本書ではそれには立ち入らない。また、リンドベックの批判については、西谷も言及している拙論も参照していただきたい。星川啓慈「独自のシステムをもつ諸宗教に対話ができるのか——自宗教の深化過程としての宗教間対話」(日本宗教学会編『宗教研究』第三二九号、二〇〇一年)。

❖16 小田垣雅也「キリスト教と仏教——対話はどこで可能か」(南山宗教文化研究所編『キリスト教は仏教から何を学べるか』法藏館、一九九九年)参照。また、星川啓慈「宗教間対話を成立させる〈場〉をめぐって」(日本宗教学会編『宗教研究』第三二六号、二〇〇〇年)は、小田垣の見解に対する意見を述べている。

第6章

自己理解の深化としての宗教間対話

1　東西霊性交流

第4章では、世界平和の実現という、実践的な目標を設定した「宗教間協力」について論じた。それも、三つある宗教間対話の一形態であった。ここでは、前章で述べた「ダイナミックな真理観」を基本におきながら、言葉を使用する宗教間対話について論じたい。それは、参加することによって自宗教をさらにふかく見つめることができる、という宗教間対話である。

まず、言葉を使用する宗教間対話をよりよく理解するために、それと対照的な対話、つまり言葉を使用せず体験を重んじる「霊性交流」(第2章参照)にふれておきたい。ウィトゲンシュタインは「語りえぬものについては、沈黙しなければならない」「宗教の本質は語られるということとは全く関係がない」と述べたし(第5章参照)、一九世紀生まれの西洋人としては珍しく非ヨーロッパ文明にも温かい眼差しを投げかけていたから、もしも彼が生きていたら言葉を使用しない霊性交流を推奨するかもしれない。

「東西霊性交流」というプロジェクトは、日本の禅宗などの僧侶とヨーロッパのカトリック教会の修道士との交流を目的として計画されたものである。[❖1] 一九七九年九月に実施された第一回交流プロジェクトには、日本からは、曹洞宗・臨済宗・浄土真宗・真言宗・日蓮宗などの僧侶をふくんだ五五人が参加し、ドイツ・ベルギー・オランダ・フランス・イタリアにある修道院に滞在した。参加者は三人から五人が一グループとなり、ベネディクト会やトラピスト会など一一の修道院で、修道士とともに三週間の修道院生活を体験した。

東西霊性交流プロジェクトは、「文化の源泉は霊性、霊性が人間のあらゆる営みの根源」と明示した上で、これまでの東西文化の交流が、技術や芸術のレベルでの交流にとどまっていたとし、「霊性レベルでの交流」を目的に掲げている。

日本側では南山宗教文化研究所、上智大学東洋宗教研究所、花園大学禅文化研究所、裏千家の四団体が推進母体となった。この東西霊性交流プロジェクトの実施により、ヨーロッパにあるカトリック修道院が、一五〇〇年以上のあいだ他宗教に固く閉ざしてきた門戸を開けはなち、異教徒である日本の仏教徒および諸宗教の信者たちを迎えいれた。このことは世界の宗教史上、宗教間対話史上、画期的な出来事である。プロジェクトが実現した背景には、第二バチカン公会議での「諸宗教教令」によるカトリック教会全体での宗教間対話の促進、ヨーロッパにおける日本の宗教・文化・芸術への関心の高まりがあった。

参加者は、午前三時三〇分の起床から夜八時の夜の祈りまで、一日五回の祈りを捧げ、その間に約五時間の労働をし、修道士と同じ日課での修道院生活を経験した。この間に修道士による講義、日本側参加者による講義、坐禅の指導などが行なわれた。その後も、このプロジェクトは今日まで継続されてきている。

東西霊性交流に、第一回目から参加している宝積玄承は次のように述べている。

宗教以前の深い人間性、それは理性・感性をも超えたところの霊性であり、ここにおいてキリスト教のスピリチュアリティと禅仏教の日本的霊性が交わるのではないかと思う。…つながる心と心によって、以心伝心の、まさに沈黙からの対話交流が実現する。[2]

霊性交流とは、まさにこの「沈黙からの対話交流」だといえよう。

こうした霊性交流はひじょうに大切だと思う。エディンバラ宣教会議でのモットー「教理は分かつが奉仕は一致させる」をもじっていえば、「言葉は分かつが体験は一致させる」とでもいうことになろう。諸宗教の信者たちが議論をはじめれば、主題によっては、同意できないことが少なからず生じることは自明である。ゆえに、言葉をもちいず体験を分かち合うことはきわめて賢明である。しかしながら、筆者が宗教間対話でイメージしているものは、「沈黙からの」霊性交流ではない。言葉を使用する対話である。

霊性交流の場合、異なる宗教が対立的な関係になることはあまりない、と推測できる。しかし、言葉を使用する宗教間対話の場合には、前章で言及した「宗教間対話を成立させるための土俵／基盤」をめぐる哲学的考察からはなれて現実的な問題として考えると、異なる宗教の信者たちが対立的な関係になることは容易に予想がつく。たとえば、イエス・キリストの神性をめぐって、キリスト教徒とイスラム教徒が議論すれば、イエスに神性を認めるキリスト教徒と、アッラー以外に神を認めないイスラム教徒とでは、なかなか意見の一致をみないに違いない。

しかしながら、言葉を用いた宗教間対話の場合には、対立と同意の双方がみられることは自然なことであり、なんら対立を避ける必要はないのではないか。「イエスの神性のようなテーマをキリスト教とイスラム教の対話に設定すべきではない」という見方もあろうし、「そうした対立を避けていては真の対話は生まれない」という見方もあろう。筆者はどちらかといえば、後者に賛成したい。

2　自己変革型の宗教間対話

言葉をもちいて他宗教の信者と対話をおこなうとき、諸宗教の信者たちは二つの態度を心にとめているのがよい。一つは、自分の宗教伝統をしっかりと保持したうえで、他宗教との対話にはいることである。自分の宗教伝統に確信をもつことが何よりも重要である。もう一つは、自分の宗教の枠組みから一歩も外に出ないというのではなく、他宗教に一歩踏み込む姿勢もあわせもつことである。いいかえれば、他宗教から何ごとかを学ぶ可能性に心をひらいておくことである。

かつて、筆者は「自己変革型の宗教間対話」を提唱した。[3] その対話には三つの姿勢が求められる。

①それぞれの宗教の信者は、自分たちが育んできた宗教の本性・目的・真理、およびその宗教の信者にとっての意味や役割などをみずから設定する。

②それぞれの宗教の信者は、みずからの教えに固執するのではなく、つねに他宗教から学ぶ姿勢を保持し、他宗教に対して開かれた態度をとる。

③それぞれの宗教の信者は、自分の宗教がこれまで到達した真理や智慧を肯定しながらも、それらを超える真理や智慧が存在することを否定しない。

現実に宗教を信じている人たちにとって、②と③はなかなか容認できないだろう。また、第3章でつとに強調したように、宗教は本質的に排他的・専心的な傾向をもつのだから、一見したところでは、②と③は、この指摘と矛盾するように映るに違いない。けれども、以下で示すように、必ずしもそうではないのだ。

グローバル化がすすむ現代において諸宗教が出会うとき、そこにどのようなことが起こっているのであろうか。対立関係や敵対関係が生まれることもあるだろう。その一方では、他宗教の信者から何か真摯なものを感じ取り、みずからの宗教を見つめなおす機会を与えられる信者も多いだろう。

「宗教間対話」をめぐる見解には、さまざまなものがあることはいうまでもない。そうしたなかで、筆者は、第2章でふれたアメリカの神学者・宗教哲学者であり、かつ、仏教とキリスト教の対話を積極的にすすめているジョン・カブの考え方に、大きな影響をうけている。じつは、右の「自己変革型の宗教間対話」というのは、彼の考え方にもよっているのだ。もちろん、カブの主張のすべてに全面的に賛成というわけではない。しかしながら、彼の思索を手がかりにして、「自宗教理解の深化としての宗教間対話」を考えてみたい。

カブは、『対話を超えて――キリスト教と仏教の相互変革の展望』(原著出版一九八二年)という著作のなかで、自分が信じているキリスト教と仏教(くわしくいえば禅系統と浄土教系統の仏教)とが相互に影響しあうことについて論じている。キリスト教徒のカブは、仏教を学んでその考え方を知るにいたり、仏教の観点からキリスト教を見直すことができるようになった、そして、そのことにより、これまで以上にキリスト教をふかく見つめることができるようになった、と述べている。もちろん、その反対も成立するのであり、仏教徒がキリスト教を学ぶことによって、キリスト教の観点から仏教をあらたに見つめなおすことができるようになり、仏教の理解がさらに深化するというのである。

筆者には「阿弥陀はキリストである」という結論(同書第6章)はなかなか受け入れられな

いが、キリスト教徒が仏教徒との対話から得られるものについて、カブはたとえば次のように論じている。

> キリスト教徒たちは、キリストの関心は、一切有情〔すべての生物〕に注がれており、たんに人間だけではない、ということを学びとることができる。またわれわれ〔キリスト教徒たち〕は、現在に至るまでわれわれがキリストにある信仰と見なしてきたものの大部分は偶像崇拝的である、ということをいっそう明確に看取することができる。すなわち、キリストはあまりにもしばしば、特定の時と所に結びついた実在の一特徴と理解されながら、しかも絶対的なものとして取り扱われている。そのような信仰は、阿弥陀についての省察がわれわれをそれから解放することを手助けすることのできる、執着の一形態なのである。…キリストにある信仰をもつということは、一切の真理、一切の現実に心を開くということであって、特定の一真理、一現実に執着することではない。[4]

キリスト教は絶対的なものとしてのキリストに執着してきた。たとえば、キリスト教は「キリストは〈真理そのもの〉であって、特定の一つの真理ではない」と教えてきたのである。しかし、執着を徹底的に否定する仏教の視点から見れば、そうした執着を捨て去らなければならないことがわかる、というのである。

反対に、仏教徒がキリスト教徒から得られることについては、たとえば、次のように語られている。

聖書のイメージ作用とキリスト教の経験とに立脚した実際のキリスト教の敬虔においては、神との人格的相互作用の感覚はきわめて強固である。そこで、仏教徒たちが、キリスト教徒たちがキリストのなかに見出してきたもののこの側面をふくむように、彼らの阿弥陀理解を拡げることができるかどうかは、考慮してみる価値がある。〔事実、拡げることができるのである〕[5]。

カブは「仏教徒たちは、自分たちが阿弥陀に対して何らかの貢献をすることができる、とは思っていない」とみている。これには仏教徒から異論がでるかもしれないが、カブによれば、仏教徒はキリスト教を知ることによって、阿弥陀と信者たちとの相互作用を考えなおすことができるようになり、このことにより阿弥陀理解が深まる、というのである。

もちろん、カブの見解に反対するキリスト教徒・仏教徒もいるであろう。彼は「仏教化されたキリスト教」ないし「キリスト教化された仏教」のあり方を肯定しているのだが、そうしたキリスト教や仏教は認めない、という信者も多いことは容易に想像できるからだ。しかしながら、カブは「仏教化されたキリスト教とキリスト教化された仏教とは、それらの相違点によってこそたがいに、また人類文化一般を、豊潤化しつづける」[6]と考えている。

さて、「自己変革型の宗教間対話」に話をもどせば、「それぞれの宗教の信者は、みずからの教えに固執するのではなく、つねに他宗教から学ぶ姿勢を保持し、他宗教に対して開かれた態度をとる」こと、および「それぞれの宗教の信者は、自分の宗教がこれまで到達した真理や智慧を肯定しながらも、それらを超える真理や智慧が存在することを否定しない」ことが重要なのであった。

ジョン・ヒックの宗教多元主義を批判して、自分の多元主義を「真正の多元主義」だとするカブの論文「多元主義を超えて」における言葉を借りれば、次のようになる。

諸宗教の伝統がおたがいの存在を知るようになればなるほど、たがいの良さを認める傾向が発展する。出会いによっておたがいに何かを学ぶ、ということが承認されるのである。…そこでもたらされる新しい理解は、自己の伝統だけを学んでいたのでは得ることのできないものなのである。[7]

多くの場合、人が他者から学ぶのは、まさに一人の信仰者として、真の智慧がどの特定の〔宗教〕伝統の現有するものをも超えて豊かである、ということを信ずるからなのである。[8]

そして、諸宗教伝統が交流するにつれ、「自己の洞察の普遍妥当性は、他の伝統がその価値を承認することによって、正当なものとなり」、また、「自己の伝統の包括性と人間的な意味での適切性とは、みずからが他の伝統の洞察を取り入れることによって拡大される」。一言でいえば、異質な宗教と対話することによって、自宗教は、ますます普遍妥当性をもつようになり、深化・拡大されるというのだ。

するどい読者は、「それでは、さきに論じられたように、複数の宗教がみずからの普遍妥当性を主張(真理主張)しあって対立することにつながるのではないか」という疑念をもつかもしれない。一定の広さの同一平面上にある複数の円を宗教だとしよう。その円がどんどん大きくなると、それらの円は境界を接するようになり、それ以上拡大できないとか、たがいに張り合って歪んでしまい、円ではなくなるかもしれない。さらには、円が消滅するかもしれない。こうした状態が、先立ついくつかの章で論じてきた、諸宗教が対立・競合する状態である。しかし、現段階に到っては、それらの円が同一平面上にあるとみなす必要はない。平面ではなく立体空間において、複数の円が接触することなく、平行して存在する状況を思い浮かべよう。そうすれば、それらの円がいくら拡大しても問題は起こらない。

カブは「プロセス神学」という神学の立場にたつ神学者である。他宗教の信者と対話するというプロセス(過程)をとおして、自分の信じる宗教がさらに豊かになっていくプロセスを大切にしたいのだろう。

しかし、だからといって、自宗教が崩壊するわけではない。先述したように、諸宗教の信者たちは、ある特定の伝統に確信をもつ信仰者として、対話をはじめる。絶対的で不変というわけではないが、「いま自分がよって立っている」という意味での自宗教の唯一性・独自性を保持しながらも、他宗教から何かを学び、自宗教の世界を深め広げていくところに、宗教間対話の真髄があるといえる。そうした過程においては、自宗教の「真理」がこれまでとは異なる相貌を呈してくるかもしれない。けれどもやはり、宗教間対話の過程でおきる宗教および信者の自己変革は、どこまでも自己同一性をたもったうえでの変革だといえる。カブも次のように語っている。

> それぞれの〔宗教〕伝統の内部での規範的な思惟は、開かれた態度によって他の規範的思惟へと拡大・伸展せしめられうる。……しかしなお、こうした拡大は、どれほど進もうとも、やはりそれ自身の歴史的諸条件から切り離されはしない。[❖9]

創造的宗教間対話の継続

第1章では「それぞれの宗教にはそれ独自の規則としての教理がある」ことを論じ、第5章では「それぞれの宗教には内在的な真理が存在する」こと、および「真理をダイナミックに捉えるべき」ことを述べた。こうした事柄とカブの宗教間対話論を考えあわせれば、どのようになるだろうか。

まず、ある宗教には独自の規則としての教理があり、これが充分な整合性をもっており、そのなかで真理が存在するとしよう。これはこれでかまわない。しかしながら、度をすぎてまで宗教の「自己完結性」に囚われるべきではない。さらに、整合性をもっているとしても、宗教の真理を静的なものとみなす必要はない。**宗教は自己完結的な側面をもつけれども、また、宗教の真理はその宗教に内在するものであるけれども、信者および宗教は創造的に自己変容することができる**、と考えたい。宗教は、たとえ変容するとしても、整合性や自己完結性を保持することができるのである。

　やや話は本題からそれるが、もしも宗教の自己完結性が完全であれば、諸宗教は対話を始めることすらできないかもしれない。なぜなら、諸宗教に独自の規則として存在する教理が種々のスポーツのルールのようなものであれば、互いに話ができないからである。

　けれどもその一方で、あらゆる宗教に共通な「究極的な真理や体験や実在」が存在し、それが異なるかたちをとりながら諸宗教のうちに顕現されている、とは考えたくない。それは、時間を超越して燦然と輝く「美のイデア」を、絵画や彫刻や音楽や自然の風景などが分かちもっているから、さまざまなものに「美」を見ることができるのだ、という考え方に似ている。もしもある究極の真理や体験や実在が存在し、それらが姿をかえながら諸宗教に存在しているとしたら、たしかに、対話はしやすくなるだろう。けれども、諸宗教はある一つの「宗教」に収斂していくことになるのではないか。つまり、諸宗教が対話することによって行き着く先が、最初から決定されていることにはならないか。筆者は「対話のプロセスがどの方向にむかうかは決定されていない、それは信者たちのそのつどの状況における対話自体が決めるものだ」と思う。

話を本題にもどそう。対話を継続することは、簡単なようでいて、じつはきわめて難しいことである。これは、つねひごろ顔をあわせる夫婦・家族・兄弟・恋人・友人などのあいだでなされる会話をみてもわかる。最初はいろんな創造的な話をすることが大いにあるとしても、いつのまにか「もうあまり言うことはなくなった」という状況が訪れないだろうか。同様のことが宗教間対話にもいえよう。国内外で宗教間対話がおこなわれる場合でも、「話す人もその話の内容もだいたい決まっていて、最近の宗教間対話はマンネリ化している」という感想をきいたことがある。

対話をつづけるというのは、まさしくきわめて創造的な行為なのである。アメリカの哲学者リチャード・ローティも次のように語っている。

> 会話〔対話〕を継続させることは哲学にとって申し分のない目標であり、また、「智慧とは会話〔対話〕を維持する能力のなかにこそある」と考えることは、人間を…新たな記述を創造する者と考えることである。❖10

宗教間協力の場合には、差し迫った課題・目標にむかって、短い時間のなかでいかに効率よく協力していけるかが、ポイントとなるだろう。しかし、自宗教の理解を深化させるタイプの宗教間対話はこれとは異なる。自宗教および自己が創造的に新しい存在へと成長するように、時間をかけてじっくりと取り組むものである。そして、創造的な宗教間対話をずっと継続できるか否かは、宗教の奥深さ、および、対話にたずさわる信者の熱意と創造的能力に依存する。創造的な宗教間対話は、決して安易な行為ではなく、知力と情熱と忍耐を必要とする行為なのである。[11]

1 以下の論述は、斎藤謙次「平和を求める宗教間対話の実践と課題」(星川啓慈ほか『現代世界と宗教の課題——宗教間対話と公共哲学』蒼天社出版、二〇〇五年)八九—九一頁にもとづく。

2 宝積玄承「〈東西霊性交流〉とは何か」(『大法輪』大法輪閣、二〇〇一年)六三頁。

3 田丸徳善・星川啓慈・山梨有希子『神々の和解——二一世紀の宗教間対話』春秋社、二〇〇〇年、一七四頁。筆者は、いまでも基本的に、この考え方を変えていない。

4 ジョン・カブ(延原時行訳)『対話を超えて——キリスト教と仏教の相互変革の展望』行路社、一九九六年、二二八頁。

5 同訳書、二三二頁。

6 同訳書、二五一頁。

7 ジョン・カブ「多元主義を超えて」(ゲイヴィン・デコスタ編(森本あんり訳)『キリスト教は

他宗教をどう考えるか——ポスト多元主義の宗教と神学』教文館、一九九七年）一三三頁。

❖8 同論文、一三一頁。

❖9 同論文、一三一―一三二頁。

❖10 リチャード・ローティ（野家啓一監訳）『哲学と自然の鏡』産業図書、一九九三年、四三八頁。厳密にいえば、ローティは「会話」と「対話」を峻別しているが、この文脈ではこの区別は関係ない。その理由は、話し合いの「継続」が主眼だからである。

❖11 深澤英隆の「〈宗教〉概念と〈宗教言説〉の現在」（島薗進・鶴岡賀雄編『〈宗教〉再考』ぺりかん社、二〇〇四年）における次の二つの見解も紹介しておきたい。

…おそらく、自らの宗教言説の真理請求や妥当請求の性格と限界とを理解し、自覚する限りで、さまざまな性格の宗教言説には、それぞれの正当性と存在価値がある。こうした自覚はまた、言説形式相互の差異の知覚を高める。宗教言説相互の差異が、あらたな差異を生む。この差異に、またその差異によって自己をあらたに差異化し、更新し続けなければならないことに敏感であること、これが宗教言説のもうひとつの格率となるだろう。（同論文、三三六頁）

特定の言説の固守・堅持ではなく差異化と変容を筆者が強調するとすれば、それは言説実践の多様性や豊富さが、〈宗教的〉生の豊富さに通じると筆者が考えるからにほかならない。（同論文、三三八頁）

読書案内

入手しやすい単行本で、邦文のものにかぎる。〈一般〉は専門知識がなくとも読めること、〈専門〉はやや専門的な内容であること、〈一般／専門〉はその中間であることをしめす。

宗教間対話の概説書

田丸徳善・星川啓慈・山梨有希子『神々の和解――二一世紀の宗教間対話』春秋社、二〇〇〇年。〈一般〉

宗教間対話の入門書。イスラムや宗教間対話の歴史などについて、本書よりも詳しく書かれている。また、宗教間対話と深い関係にありながらも本書では取り上げなかった、ジョン・ヒックの「宗教多元主義」などについても議論されている。

西谷幸介『宗教間対話と原理主義の克服――宗際倫理的討論のために』新教出版社、二〇〇四年。〈一般／専門〉

宗教間対話と日本をふくめた世界の諸神学との関係が、見事にまとめられている。結論部において、宗教間対話の意義としての「宗際倫理的討論」について書かれている。これは地球温暖化などの人類が直面している危機について諸宗教が討論することであるが、本書の第4章の「宗教間協力」と関係がふかい。また、国内外の宗教間対話の文献も多数紹介されている。

宗教間対話をめぐる論文集

ジョン・ヒック／ポール・ニッター編（八木誠一・樋口恵訳）『キリスト教の絶対性を超えて――宗教的多元主義の神学』春秋社、一九九三年。〈専門〉

一九八六年三月、アメリカで宗教多元主義をめぐってある会議（名称不明）が開かれた。この会議から生まれた論文集で、宗教多元主義の立場にたつ世界の代表的神学者たちが寄稿している。

ゲイヴィン・デコスタ編（森本あんり訳）『キリスト教は他宗教をどう考えるか――ポスト多元主義の宗教と神学』教文館、一九九七年。〈専門〉

右の会議から生まれた、もう一つの論文集。宗教多元主義に批判的な世界の代表的神学者たちが寄稿している。寄稿者たちの立場としては「包括主義」が目につく。

星川啓慈・山梨有希子編『グローバル時代の宗教間対話』大正大学出版会、二〇〇四年。〈一般／専門〉

二〇〇二年の日本宗教学会でのシンポジウムをもとにした論文集。日本の代表的な宗教学者たちが、教理・宗教の共生・宗教間対話・宗教教育・グローバル化などの主題を縦軸に、仏教・キリスト教・イスラム教という世界三大宗教を横軸にしながら、執筆している。

星川啓慈ほか『現代社会と宗教の課題――宗教間対話と公共哲学』蒼天社出版、二〇〇五年。〈一般〉

本書でもとりあげた、二〇〇五年の「国際宗教学宗教史会議」でのシンポジウムをもとにした論文集。「公共哲学」の視点を宗教間対話に導入するという新機軸を打ち出し、それまでの宗教間対話論を一歩前進させた。

南山宗教文化研究所が編集した宗教間対話の記録など

南山宗教文化研究所は一九七五年に設立されたが、その当初から宗教間対話の促進に力を注いでいる。以下は同研究所から出された書物(シンポジウムの記録)の一部である。レベルとしては、全体的に〈専門〉である。

南山宗教文化研究所編『絶対無と神――西田・田辺哲学の伝統とキリスト教』春秋社、一九八〇年。

同『神道とキリスト教――宗教における普遍と特殊』春秋社、一九八三年。

同『宗教と文化――諸宗教の対話』人文書院、一九九四年。

同『キリスト教は仏教から何を学べるか』法藏館、一九九九年。

その他の重要関連文献

ジョン・カブ(延原時行訳)『対話を超えて――キリスト教と仏教の相互変革の展望』一九八五年。〈専門〉

プロセス神学者でもあるカブの宗教間対話論。本書で紹介したとおり、数ある哲学的宗教間対話論のなかで、筆者がもっとも親近感をおぼえる議論が展開されている。

古屋安雄『宗教の神学――その形成と課題』ヨルダン社、一九八七年。〈一般／専門〉

「キリスト教は他宗教をどう見るか」がキリスト教にとって重大な問題となった。宗教間対話ともふかい関連のある「(諸)宗教の神学」といわれる神学は、この問題ととりくむ。さまざまなキリスト教神学の核心を要領よくまとめている。

ジョン・ヒック(間瀬啓允訳)『宗教多元主義――宗教理解のパラダイム変換』法藏館、一九九四年。〈一般／専門〉

本書ではほとんど触れなかったが、宗教間対話とヒックたちの「宗教多元主義」とは密接な関係にある。これは、「究極的実在」を核心にすえ、諸宗教はこの実在を分有していると考える。従来のキリスト教が主張する「キリスト教の唯一絶対性」を否定する立場だが、多くの批判にもさらされている。宗教多元主義を知るには便利な一冊。

星川啓慈『言語ゲームとしての宗教』勁草書房、一九九七年。〈専門〉

本書の基層にある考え方が提示されている。つまり、ウィトゲンシュタインの知見をふまえて、宗教を「言語ゲーム」として捉える、ということである。宗教を諸規則からなる一つの体系をもったゲームとみなし、「宗教言語ゲーム論」を展開している。

ジョージ・リンドベック(田丸徳善監修、星川啓慈・山梨有希子訳)『教理の本質――ポストリベラル時代の宗教と神学』ヨルダン社、二〇〇三年。〈専門〉

教理史・教理神学などの分野では、もはや古典となったといってもよい名著。本来はエキュメニズム（教会再一致運動）のために書かれた著作だが、宗教間対話にも多くの示唆をあたえてくれる。教理を「規則」と考えるウィトゲンシュタイン的立場は、多くの議論を誘発した。

山脇直司『公共哲学とは何か』ちくま新書、二〇〇四年。〈一般〉

最近話題になっている「公共哲学」についてのもっとも包括的でわかりやすい概説書。宗教間対話をになう人びとが立脚すべき「公共性」概念の説明など、宗教間対話にも参考になる記述が随所にある。

あとがき

本書は、ここ一〇年ちかくにわたって関わってきた宗教間対話・宗教間協力をめぐる筆者の見解をまとめたものである。小ぶりの著書ながら、多くの事柄に言及し、かなり率直な意見を随所に書き込んだ。思わず筆が走ってしまったところもある。読者の宗教間対話・宗教間協力の理解に、すこしでも役立つことができれば、幸いである。

一応の下書きを終えた翌日は、二〇〇六年一月一日であった。その日の朝日新聞には、作家の五木寛之氏と浄土真宗本願寺派・西本願寺第二四代門主である大谷光真氏の「新春特別対談」が掲載されていた。その中で、大谷氏は次のように語っていた。

…宗教の危険性に気をつけないといけません。宗教は内面を転換する力を持っていますから、沈んでいる人が元気を取り戻すきっかけにもなれば、悪事につながる方向に転換する場合もあります。宗教にはいろいろありますが、必ず危険な面を持っている。よく効く薬には副作用があるように、危なくない宗教に影響力はありません。…

紛争や暴力でも、宗教が積極的にかかわる場合もあれば、引きずり込まれている場合もある。仏教は争いを煩悩として否定してきたわけですから、争いを鎮める方向にあるとはいえ、歴史などを見るとそうとばかりは言えない。紛争・暴力という火に油を注ぐのではなく、鎮めるよう尽力することが、宗教に深くかかわるものの責任だと思うのです。

本書で論じた宗教間対話の実践的側面の眼目は、ここに約言されている。宗教間対話・宗教間協力をとおして、諸宗教が世界平和や地域平和の実現に貢献してくれることを、心から願っている。

最後に、一言だけ述べておきたい。本書を読まれた読者のなかには「これだけ多くの事柄に言及していながら、なぜ宗教間対話の実例があがっていないのか」と疑問に思われる方もいらっしゃるかもしれない。じつは、筆者は故意に宗教間対話の実例をあげなかったのである。個々の宗教間対話の実例は無数にあっても、「典型的な宗教間対話」などはどこにも存在しない。言いかえれば、個々の宗教間対話の実例はすべて「宗教間対話」である。

しかしながら、「もろもろの宗教間対話を俯瞰する視点」というものはあるのではないか。そして、本書を通読してくださった読者は、もろもろの宗教間対話を俯瞰する視点に立つことができたのではないか。第5章で言及した哲学者ウィトゲンシュタインの『論理哲学論考』は、この著作が全体として示すところの「示す」によって、読者を「世界が正しく見える見地」へと導いた。これと同じく、不遜の誇りを覚悟でいわせていただければ、本書は全体として読者諸氏を「宗教間対話を俯瞰する見地」へとご案内した、と思っている。

本書の出版にあたっては、著書・論文を引用・参照させていただいた研究者の方がたをはじめとして、直接間接に、じつに多くの方がたにお世話になった。とりわけ、次の四人の方には格別のお世話になった。編集者の渡邊直樹氏には、「これは面白いですね！」と本書の執筆を促していただいた。新日本宗教団体連合会の斎藤謙次氏には、宗教間協力をめぐる諸宗教団体の具体的な活動の記述を最大限に利用することを、快諾していただいた。新約聖書学者の挽地茂男先生には、キリスト教関係のことなどに関連して、助言をいただいた。宗教間対話を研究している山梨有希子氏には、いくつかの点についてご教示いただいた。さらに、出版の実務については、大正大学出版会の新井俊定氏のお手を煩わせた。明記して、ふかく感謝申し上げる。

†

二〇〇六年五月二〇日

星川啓慈
土浦の四季彩亭にて

装丁　石川幸太郎

星川啓慈（ほしかわ　けいじ）
1956年愛媛県生まれ．筑波大学大学院博士課程哲学・思想研究科単位取得退学．米国(カンザス大学)・英国(スターリング大学)に学ぶ．東京大学・慶應義塾大学・筑波大学をはじめとして，多くの大学・大学院で講師を務める．現在，大正大学文学部教授．博士(文学)．
専攻：宗教学・宗教哲学・言語哲学・宗教間対話論．
著書：『ウィトゲンシュタインと宗教哲学』(ヨルダン社)，『宗教者ウィトゲンシュタイン』『悟りの現象学』『禅と言語ゲーム』(法藏館)，『言語ゲームとしての宗教』(勁草書房)，『宗教のことば』『アメリカの宗教伝統と文化』(共著，大明堂)，『神々の和解』(共著，春秋社)，『グローバル時代の宗教間対話』(共編著，大正大学出版会)，『宗教の挑戦』(共著，岩波書店)，『現代世界と宗教の課題』(共著，蒼天社出版)など．
訳書：キートリー『ウィトゲンシュタイン・文法・神』(法藏館)，ボヘンスキー『宗教の論理』(ヨルダン社)，プランティンガ『神と自由と悪と』(勁草書房)，ラインランダー『未知なる人間への旅』，リンドベック『教理の本質』，ルックマン『現象学と宗教社会学』(共訳，ヨルダン社)など．
監修：『世界の宗教』(実業之日本社)

TU選書4
対話する宗教
—戦争から平和へ—

2006年 6 月26日　　第1刷発行

著　者　　星川啓慈

発行者　　星野英紀
発行所　　大正大学出版会
〒170-8470
東京都豊島区西巣鴨3-20-1
TEL　03-3918-7311(代表)
FAX　03-5394-3038
URL　http://www.tais.ac.jp/press/

印刷・製本　　株式会社三陽社

printed in Japan　ISBN4-924297-41-0